50歳からの「死に方」

残り30年の生き方

弘兼憲史

廣済堂新書

50歳からの生き方は「死に方」である

目次

第二章 これから、どう生きるか

第三章　今、すべきこと

第四章　その先にあるもの

序章

それは、夏の終わり

ある日突然、「まさか」が起こる50歳

ちょうどこの原稿を書き始めた朝のことです。

思わぬニュースがテレビの画面から飛び込んできました。僕の知人の新浪《にいなみ》剛史《たけし》さんがサントリーの社長に就任する、と言うのです。

新浪さんは55歳。ご存知の通りローソンの会長でした。

サントリーはそれまで四代にわたって創業者一族が経営してきた会社ですから、この人事は、40代半ばからローソンの社長としてコンビニの海外戦略を展開してきた新浪さんの力を信じて、佐治信忠会長が、新浪さんにサントリーの未来を託したのだと思います。

僕は、新浪さんの魅力ある人柄をよく知っているだけに、佐治会長の英断にエールを送りました。

なぜ、こんなことから書き出したかというと、新浪さんにかぎらず、「島耕作シリーズ」

の取材で僕がお会いした多くの若き社長たちは、ほとんどの方が50歳の頃に突然「何か」が起きているからです。

ある人は新浪さんのように「新社長に抜擢」されたり、またある人は「取締役に選出」されたり、「支社長に栄転」したり……。

それも、何の前触れもなく、ある日突然、社長室に呼ばれて知らされたという人が多かったと記憶しています。

それが皆さん、50歳前後なのです。

僕は若いときにサラリーマン生活から足を洗っていますので経験がありませんが、「島耕作シリーズ」をはじめ多くの作品のための取材を通してわかったことは、50歳という年齢は、まさに突然、何かが起こる年齢だということでした。

もちろん、いいことばかりではありません。

僕の『黄昏流星群』シリーズの「煮星メンのかほり」のなかに出てくる、こんな場面があります。

ある日、社長に呼ばれ、主人公はこんなことを言われます。

「関連会社が人材を欲しがっとるんやけどな……どや！　新天地でがんばってみんか？　給料は多少下がるかもしれないが……肩書きは部長から常務に格上げになるぞ。年とったら、こんなゴミゴミした大阪のような街より、地方暮らしの方がええもんやで。ハハハハ」

主人公の大塚英之は、新日本製鋼という一流企業の部長。社長にそうリストラを宣告されて家に戻り、その報告をすると、妻に思わぬことを言われます。

「あなたは第一志望の大学の法学部にストレートで合格し、大学の成績も『優』の数なら誰にも負けなかった。司法試験を目指して学生運動もやらず、ディスコも行かず、猛勉の日々を送った。司法試験には失敗したけど、人もうらやむ超一流企業に就職した。その会社で、あなたは私と知り合い結婚した。

あなたが今までに得たものは、まだローンの残っている小さなプレハブ住宅のマイホーム、専門学校に通う女の子一人、国産のワンボックスカー。そして、リストラ。若い頃、どんなに夢を描いて、どんなに努力しても、現実の人生なんて、そんなもの……。

この程度の人生ならよしとしなきゃね。私、先に寝るわ」

　ネクタイを緩めたまま、食卓に前のめりになって座っていた英之の後で、バタンと寝室のドアを閉める音がする——。

　まさに「寝耳に水」。

　それまで考えてもいなかったことが起こる。言い換えれば、抜擢も左遷も含めて、あなたのこれまでの平坦なサラリーマン人生の道筋に「まさか」という坂が現れるのが、50歳という年齢なのかもしれません。

　ちなみに、この大塚英之、僕のストーリーでは会社を辞め、学生時代に受けては何度も落ちた司法試験に挑戦し、53歳で全国最年長で合格します。

50歳だからこそ身に付いた「いいこと」もある

ところで、「戦国の風雲児」と呼ばれた織田信長は、人生最大の危機といわれた桶狭間の戦いに臨む際、『敦盛《あつもり》』を舞い「人間五十年……」と謡《うた》ったといいます。

当時の平均寿命はよくわかりませんが、50年生きれば本望という時代だったのでしょう。

では、現代の50歳とはどのような年齢でしょうか。

生まれたのは、東京オリンピックの前後で、高度成長の真っ只中で育ったんでしょうね。小学生時代にパンダをはじめて見て、浅間山荘事件のテレビ中継を興味本位で見て、仮面ライダーの真似をして遊んだことでしょう。

山口百恵さんや桜田淳子さんはちょっと上の憧れの存在で、中学時代はピンク・レディーの全盛期。高校時代にはインベーダー・ゲームやルービック・キューブが流行った世代ですよね。

早実のエース、荒木大輔が甲子園で活躍して大人気だった時もまだ高校生だったんですかね。大学時代には、誕生したばかりの東京ディズニーランドでデートをしませんでしたか。

そして、バブルの始まる少し前に入社したのが、今の50歳じゃないかと思いますけれど、当たっていますか？

そんな時代に育った人たちも、今や50代。ということは、サラリーマンなら、22歳で会社に入っていたとしたら、勤続28年間の大ベテランです。経営陣に加わっていらっしゃる方もたくさんおられることでしょう。僕の漫画で言えば、『部長 島耕作』に登場する人たちかもしれません。

ふと立ち止まると、ひたすら走って来た若い頃とは、自分自身も自分を取り巻く環境も変わってきている。

子供もすっかり成長して、一緒に食事する機会も減った。子育てという共通の話題を失い、妻との会話もなくなってきた。

毎朝読む新聞の細かい文字が、かすんで見えにくくなってきた。とくに薄暗い場所や、曇りの日などは視界がぼやけてくる。

それでも老眼鏡を堂々とかけるにはまだ抵抗感がある。以前と比べて、朝、起きるのがつらい。体調もあまりよくない。

居酒屋で飲んでいて、ふと周囲を見渡し、自分が最年長のようで居心地の悪さを感じてしまう。新入社員との会話が弾まない。それどころか、何の話をしているのかさえわからないこともある。

だから部下との飲み会も疲れるし楽しくない。しかも、若い頃と違って酔いが朝まで残り、ひどいときは午前中、仕事にならない……。

たぶん、50歳というのは、そんな些細《ささい》なことに過敏になってしまう年齢なのだと思います。

僕からすれば、それはすべて「正しい成長だ」と笑ってやり過ごせるのですが、男というのは基本的にカッコをつけたがる生き物なので〝老い〟を受け入れにくいのでしょう。その意味では、50歳は老いへの抵抗期と言えるかもしれません。

老いてゆく自分を見つめ、気持ちが少しずつネガティブになってくることでしょう。

老いとは、目に見えるところでは何一つプラス要素が見いだせないからです。

僕は『黄昏流星群』シリーズのなかの「星の交差点」という漫画で、妻と別れ、一人暮らしの47歳の主人公にこう言わせています。

「時々、何のために生きているのかと考えることがある。体の衰えも、そろそろ感じてきたし、この年になって、夢や目標があるわけでもない。そのうちリストラの対象にあげられて、早期退社の憂き目にあい、一人マンションでのたれ死に…なんてことになるんじゃないか……。人間って、本来はもっと楽しむために生きてるんじゃないのか……」

ミドルエイジ・クライシスなんて言葉もあるほどですから、こんなことをふと考えてうつな感じになってしまうのも、50歳前後の人たちではないでしょうか。

しかし、悲観的なことばかりではありません。実は、僕が言うまでもなく、50歳になればなったで、「いいこと」だってあるのです。

それは50代が持っている「生きてきた自信」と、「知恵」です。

30代後半や40代前半の頃に比べて、最近、仕事のことや社内の人間関係、また、家族間の問題などで戸惑ったり動じたりすることが少なくなったと気づきませんか？

（まあ、起こってしまったことをいつまでもクヨクヨしたところで何もはじまらない。問題は、これからだ。さてっと……）

若い頃にはただオロオロし、不安に苛《さいな》まれていたようなことでも、それほど動揺することもなく、なんだか平気でそう思える。

僕に言わせれば、それがまさに「亀の甲より年の功」という、経験値からしか得られない「人生の知恵」なのです。

そうした経験則というか老人力の鎧《よろい》を少しずつ身につけて、衰えていく肉体を身に付けた知恵でカバーしながら強く生き抜く。

まもなく誰にでも訪れる50歳からの10年間は、そんな時代。太目のゴムのような伸び縮みの利く強靭な精神を心に秘めながら、あなたが老後を楽しく生きるためには、とても大事な時期。それが50代なのかもしれません。

極端なことを言ってしまえば、何があってもおかしくないのが50歳だとすれば、何が起ころうと驚かないのも50歳なのではないでしょうか。

『課長 島耕作』にしても『部長 島耕作』にしても、それぞれの場面での登場人物を描くとき、僕は、「この人ならこう考えるだろうな」と想像して描いています。

ですから、僕の漫画には、「課長はこうあるべきだ」ということもなければ、「部長だから、こうするだろう」ということもありません。あくまで、それぞれの個性を生かしています。時には、登場人物が勝手なストーリーを展開して、作者の僕を困らせてくれることもあるのです。

僕の漫画に出てくる40代後半から50代の人たちも、人それぞれです。特別なヒーローはいないでしょう。そんな人たちのなかに、あなたがいると思ってくれたらこんなうれしいことはありません。

50歳は終わりか、始まりか

また、50歳は、こんな見方もできます。

人生80年を100％として考えてみると、50歳は人生の62・5％を終えた時期ということになります。残りの37・5％を、少ないと感じるでしょうか。まだまだこれからと思うでしょうか。

たとえば、1年365日の62・5％時点は、8月のちょうど半ばです。お盆休みのとき、「ああ、今年もそろそろ終わりだな」とは考えませんよね。むしろ、休暇で英気を養って、「正月に向けて頑張るぞ！」と気合を入れ直す人のほうが多いのではないでしょうか。50歳とは、人生の中のそんなタイミングなのです。

そうは言っても、残りの37・5％が、長いとは言えないのも事実。貴重な時間を、浪費してはいけません。数字の遊びを続ければ、60歳になると残りは25％に減り、ほとんどの人が定年を迎える65歳になると20％を割り込み、70歳では残り12・5％に目減りしてしまうのですから。

50歳からの残りの時間は短いとも言えないし、長いとも言えない。無駄に費やせば、あっという間に過ぎ去っていく時間であり、有効に使えば、じっくり味わえる時間であると言えるでしょう。

ではいったい、何をするべきなのでしょうか。

50歳になってやるべきことは、「定年後の人生をどう生きるか」を考え、そのための準備を始めるということです。

「そんなこと、わざわざ弘兼さんに言われることはない。ちゃんと、考えてるよ」という人も多いでしょうね。当然です。でも、わかってはいても、実際、定年になって後悔する人が多いのも事実です。

僕が取材をした人のなかで、「定年後、町内会に入っていなかったので、お祭りにも参加できないし、近所の飲み屋にも行けない」と嘆く人がいました。

サラリーマン時代はそれでよかったのです。町内にお祭りがあったところで別に神輿《みこし》を担ぐわけでもないし、飲みたければ、会社の近くで飲めばよかった。

それが定年になったら、やることがない。町内の神輿を家の前で見ているしかないし、飲み屋に行っても、近所の知らない人ばかりが楽しそうに飲んでいるのを横目で見ているしかない。

「お客さん、どこにお住まいですか」と訊かれて、なまじ住所を言えば、「ああ、○○さんの近くね。最近、引っ越してこられたんですか」と返され、絶句したと言います。

しばらく話をして、ようやく「ああ、○○さんのご主人ですか」なんて、奥さんの名前を出してわかってもらったそうですが、店のマスターやママに（あら、この人、これまで何十年も来ないで、定年になったから来たんだ）などと思われるのが嫌で、二度とその店に行かなくなったそうです。

「定年になってからでは遅い、ということが身にしみてわかったよ」。その人は言っていましたが、それだって、50歳になった頃から町内のお祭りの手伝いをしたり、近所の赤提灯に顔を出していれば、定年後もまったく問題はなかったのです。

「定年後の人生をどう生きるか」というのは、実は、そんな身近にある何でもないようなことから始まるんですね。

ちなみに、今から地元の飲み屋にちょこちょこ顔を出しておいてみたらどうでしょう。そこで知り合った町内会の人に、お祭りのとき、一升瓶でも寄付すればすぐに親しくなれます。

『部長 島耕作』のような流れで会長まで出世するような男だって、いずれ、会社を離れる時が来ます。そんな人ですら、その時が来れば、地域の人と付き合わなければなりません。ですから、出世コースに乗っている人も乗っていない人も、人生残りの37・5％を見据えて、50歳の今から、真面目に「第二の人生」を考えてみるべきだと思うのです。

先ほど、50歳という年齢を365日にたとえると、8月の半ばだと書きました。中国の五行説の色を四季と組み合わせた言葉に、「青春」「朱夏」「白秋」「玄冬」があり、50代半ばから60代半ばは「白秋」にあたるといいます。

50代は、まだまだ未熟であった「青春」を過ぎ、仕事盛り、遊び盛りであった30〜40代の「朱夏」をも過ぎ、実りの秋の「白秋」を迎える年齢なのだということでしょう。

50代だからこそできることはいろいろあります。残り少ない夏を有意義に過ごし、実りの秋を謳歌しようではありませんか。

第一章

直面する現実と覚悟

弘兼憲史、冷凍人間になる

では、ここから、50歳になると実際どんなことに直面するのか、少し真剣に考えてみましょう。

まず、それまでの40代と明らかに違うことは、あなたが50歳になった瞬間から高齢者たちの群れに一気に近づいたということです。

もちろん、僕はいくら若作りをしていても、世間的にはすでにその群れの中に吸い込まれています。

少し漫画的な構図で言えば、一本道の先に大きな森があり、その森は「高齢山」という山につながっている。50歳は今その道を歩いているということです。

現在の日本は、世界一の高齢化社会。それが、この「高齢山」です。

2013年には、高齢者とされる65歳以上の人口が3186万人となって、総人口に占める割合が過去最高の25％、4人に1人が高齢者となりました。全人口の4分の1が

「高齢山」の住人という、ちょっと恐ろしい現実です。

これは第一次ベビーブームに生まれた僕ら団塊の世代が、65歳以上の高齢者になったことが大きな要因です。さらに出生数が減少し、平均寿命が延びたことも追い討ちをかけています。

戦後増え続けた日本の人口は、1990年代から横ばい状態が続いたあと、2011年からは明らかな減少傾向となり、今後減少を続けると推定されています。

人口が減っても高齢化はどんどん進行し、現在50歳の人が「高齢山」の住人となる2030年には高齢化率が30％を超えて、全国民の3人に1人が高齢者になると予想されています。

国土の3分の1が「高齢山」という山脈に覆われ、そのなかに、うじゃうじゃ老人が住んでいる。これこそ、世界でダントツの珍風景、他に例をみない高齢化社会の到来です。

今、50歳の人は、明らかにその道を一歩一歩、歩んでいるわけです。

これはどういうことかというと、働く人口が減り、福祉を必要とする老人の割合がますます増えて、国家財政が危機を迎えるということです。

１９９０年には１人の高齢者を支える15歳から64歳までの人間の人数は約６人でしたが、２０００年には約４人に、現在は２人になっており、２０４０年には１・５人まで減少します。

年金の財源や、１８０兆円に達した国債依存をどう解消するかという問題は、毎年議論されるものの、いっこうに解決の兆しが見えない日本が、どうやってこの危機を乗り越えるのか。リーダーが舵取りに失敗すれば、近い将来、日本は必ず財政破綻の危機に直面するでしょう。

いきなり悲観的な話から始まりましたが、これが現実。

つまり、現在50歳の人は、そういう時代に人生の終盤を迎えるということなのです。

「２０３０年問題」という見出しを電車の中吊りなどで見かけたことがあると思います。

「２０３０年問題」とは、高齢化が進んで日本の人口が大幅に減少し、離婚や死別によって単身世帯が急増する問題です。

２０３０年、僕自身生きていれば83歳ですが、平均寿命まで生きながらえて、その中にいる可能性は十分に考えられます。

団塊の世代がどっと最期を迎えるのだから、まず病院が足りなくなる。皆ベッドが空くのを待っていて、空きが出るまで何カ月も待たされるのは当たり前のことになるでしょう。

葬儀場や火葬場だって対応できるわけもなく、順番待ち。

現在でも火葬場のスケジュールが詰まっていて、1週間くらい火葬場の冷蔵庫に保存されることは珍しくないのですから、その頃になれば、1カ月くらいは冷凍保存が当たり前かもしれません。

「弘兼憲史、冷凍人間となる」

決して笑い話ではなく、近い将来の現実だと認識をしておいたほうがいいのです。

第二の人生は「引き算」で始める

そうか、弘兼さんは、冷凍人間か。

きっと、白髪で、鼻の下に真っ白な髭をたくわえ、目を閉じ、1カ月もの長い間、安置されている僕の凍ったその姿を想像して笑っている人もいることと思いますが、そうなったときには、僕はもう死んでしまっているのですから、1カ月でも2カ月でも、それはどうでもいいのです。

あなたも死んだらそうなるとして、問題は、あなたが50歳から死ぬまでの間をどう生き抜くか、ということですよね。

では、まず、今50歳の人があと何年生きるか、という現実を見てみましょう。

平成24年のデータによれば、日本人男性の平均寿命は79・94歳、女性は85・90歳。僕が生まれた頃、終戦直後の昭和22年の平均寿命は、男性50・06歳、女性53・96歳だったというから驚きです。

そう言われてみれば、小学生時代に学校の音楽室で「村の渡しの船頭さんは、今年60のおじいさん……」なんて歌ったことを思い出しましたが、当時の60歳はおじいさんだったんですね。それが、医療の発展、国民皆保険制度の完備などで、どんどん寿命が延びたわけです。

では、今50歳の男性があと何年生きるかを計算するには、平均寿命から50を引けばいいのでしょうか。これが違うんですね。実は、特別な計算方法があるんです。

厚生労働省が出している「簡易生命表（平成24年版）」という指標を見てみましょう。各年齢の人口と死亡数をもとに、「あと何年生きられるのか（平均余命）」を計算したものです。

よく言う「平均寿命」というのは、すべての年齢の死亡数を集約し、今、生まれた0歳児の平均余命のことを言うのですが、「平均余命」は、年齢別に「あと何年生きられる」を割り出したものです。平均寿命を基準にすると、すでにそれをクリアした人はすぐに死んでしまうことにもなりますが、実際には、90歳の人の多くが1年以内に亡くなるわけでもありません。

たとえば、現在90歳の男性の平均余命は4・16歳ですから、94・16歳まで生きられるということになります。同様に計算すると、80歳は88・48歳、75歳は86・57歳、70歳は85・11歳、65歳は83・89歳、60歳は82・93歳とだんだん短くなっていき、50歳は81・70歳、40歳は81・05歳となります。

女性の場合は、平均寿命が男性よりも長いので、90歳なら95・47歳、80歳は86・43歳、以下、70歳89・45歳、60歳88・33歳、50歳87・59歳、40歳87・17歳というのが、それぞれの年齢における平均寿命になります。

大雑把に言えば、40代の男性ならあと30～40年は生きられる、人生のちょうど折り返し地点か、それをちょっと過ぎたあたり。50代なら残りがだいたい20～30年、60代になると、ある時点で残り20年を切ってくるわけです。

平均値ですから、誰でもこうなるわけではありませんが、目安にはなります。たとえば、55歳の人に、「あなたの人生はだいたいあと25年ですね」と言ってみたら（実際そんなことを言う人はいないでしょうが）、「えっ？　そんなものかぁ……」と落ち込んでしまう人がいるかもしれませんし、逆に「そうか、まだあと四半世紀もある」とポジティブな反応を見せる人もいるかもしれません。

考えてみれば当たり前のことでも、明確な数字として現実を突きつけられると、思ってもみなかった感覚にとらわれることはよくありますし、そこから何か発想が変わったりもします。人生を考える上でも、数字の効用をうまく活用するのが得策ではないかと思うのです。

ちなみに、僕の余命を計算するとあと19年、84歳くらいまでは生きられることになるようです。もう少し先の話のような気もするし、あっという間に過ぎてしまうのではないかとも感じます。

ただし、何の前触れもなく、ある日突然死んでしまう人はめったにいません。死ぬ直前まで元気でいたいと思っていても、なかなかそう都合よく締めくくることは難しいものです。

死ぬ2～3年前から病床につく、そうでなくても足腰が弱くなり、家の中での生活が続くことも考えなくてはいけません。外出して酒を飲んだり、カラオケやゴルフで楽しんだりできるのは、正味あと15年くらいでしょうか。

僕の高校や大学の同窓会の名簿を眺めると、すでにかなりの数の物故者がいます。60歳まで生きられなかった人もいるわけです。つまり、今50歳の人は計算上は81歳まで平均して生きられるけれど、いつ病気になって死ぬかわからないとも言えるわけです。

自分は、いつか死ぬ――。

実は、これは決して悲観的な思考ではなく、極めて前向きな思考なのです。

なぜかと言うと、自分の死（生）を想定することは、残された時間を有効に過ごすためには必要なことだからです。自分に残された時間を知ること。言い換えれば、50歳になったあなたがこれから何をやるにせよ、第一にすべきことは、「引き算」だということです。

たとえば、僕は、原稿を描くときに、締め切りまでどのくらいの時間があるのかをチェックします。今は朝の10時で、締め切りが午後8時だとすれば、かけられる時間は10時間。そこから、昼食の1時間と、30分休憩を2度入れれば、合計2時間ですから、残りは8時間となる。これが引き算です。

引き算の次は、ペース配分を考えた割り算になっていきます。8時間で原稿16枚を描くのなら、30分に1枚のペースになる。僕はそれを目安として、原稿各ページの片隅に仕上げるべき時間を書き込みます。このページは8時半、2ページ目は9時までに上げる……というように。

第二の人生を考えるうえでも、これは、まったく同じではないかと僕は思っています。今50歳の人なら「残された時間はあと30年くらいだ」と意識する。今の会社で65歳まで勤め上げるとしたら、その間に、30年のうちの15年は過ぎてしまい、退職の時点では「残り18年」ですが、そこから体が思うように動かなくなる3年間を差し引くと「残り15年」と考えたほうがいいでしょう。

ただし、50歳から65歳までの15年と65歳から80歳までの15年では、同じ15年でも意味合いが違います。

いずれ何か大きな事業をやりたいと考えているならば、単純に時間と体力が必要ですから、50歳はもはやぎりぎり最後のタイミングかもしれません。定年になれば退職金が入るからそれを元手に……と思っていても、現実問題、残り15年でできることは非常に限られてくるからです。

これが50歳ならば、資金的には多少厳しいかもしれませんが、そこは仕事盛りの頭と体で補い、思い切って「残り30年」に賭けてみることも可能でしょう。きっぱりと脱サラするもよし、週末副業で数年は経験を積み、「いける！」となったところで会社を辞めるといったやり方もあります。

もちろん、これはチャレンジ精神に溢れた方へのおすすめであって、僕は「50歳で起て！」とやみくもに脱サラのすすめを説きたいわけではありません。人生いろいろですから、そこはその人その人の事情に応じてベストと思う選択をすればいい。会社で定年をまっとうする生き方を選んで幸せになるなら、それももちろんいいのです。

現実には、定年まではサラリーマンをまっとうし、定年後の「第二の人生」も前向きに生きたい、というタイプの人が、おそらく一番多いのではないかと思います。ただし、そういう人であっても、会社にいる間に、その後に成し遂げられる目標を立て、それを実現するための準備をしておくことはできるはずです。

この場合、計画を実行するのは「残り15年」となった定年後ですから、30年も40年もかかる壮大なプランを立てるのは初めから無理というもの。立てるべきは、65歳からの

「15年構想」になります。

脱サラ派であれ、定年まっとう派であれ、あなたが今50歳ならば約30年、55歳の人なら約25年の残り時間があります。その時間内でできる具体的な目標を立て、そこに向かってペース配分をしていきませんか。

人によっては、「自分のビルを持つ」などという大きな目標を立てるかもしれません。憧れだったクルーザーを買う、世界旅行をする、小説を書き上げて出版する、定年までに会社を設立する、ラーメン店を出す……。

どれも建設的で、前向きな生き方です。

もちろん、それぞれの人生において、実現可能なレベルは違って当然。しかも、20代、30代の頃の夢や目標と比較すれば、残された時間が少ない分、絞られてくるとは思います。

そのときになって「もう少し若いうちに思い立っていたら……」と悔やんでもいいことはありません。若い頃に夢があって、それに向かって踏み切ることができなかったのは、あなたに勇気がなかったからというより、それを実現するだけの現実的な力がまだなかっただけのことです。

それが若い頃の夢よりは少し小さい夢だけど、50歳を過ぎた今ならできそうな気がすると思うなら、実現の可能性は、若い頃より飛躍的に上がっているはずです。体力は少し落ちたけれど、あなたにはこれまで仕事で培ってきた豊富な経験や知識があり、それが自信になっているからです。

そうなった今、もはやそれは夢ではなく、頑張れば手が届きそうな「目標」に変わっているのではありませんか？　そう、50歳から持つべきは、でっかいけれど可能性がほとんどない「夢」ではなく、少し頑張れば実現可能な「目標」であるべきだと僕は思います。

第二の人生をより充実させるために、ノートと電卓を使って、具体的な「人生の引き算」をしてみませんか。そのためには、まず、次の平均余命の表から、自分があと何年生きられるかを確かめることから始めてみましょう。

厚生労働省「平成24年簡易生命表の概況」

表1　主な年齢の平均余命

（単位：年）

年齢	男			女		
	平成24年	平成23年	前年との差	平成24年	平成23年	前年との差
0歳	79.94	79.94	0.50	86.41	85.90	0.51
5	75.19	74.71	0.48	81.67	81.19	0.48
10	70.23	69.77	0.46	76.70	76.24	0.46
15	65.26	64.81	0.45	71.72	71.28	0.44
20	60.36	59.93	0.43	66.78	66.35	0.43
25	55.52	55.10	0.42	61.85	61.45	0.40
30	50.69	50.28	0.41	56.94	56.56	0.38
35	45.85	45.47	0.38	52.04	51.69	0.35
40	41.05	40.69	0.36	47.17	46.84	0.33
45	36.32	35.98	0.34	42.35	42.05	0.30
50	31.70	31.39	0.31	37.59	37.32	0.27
55	27.23	26.95	0.28	32.92	32.68	0.24
60	22.93	22.70	0.23	28.33	28.12	0.21
65	18.89	18.69	0.20	23.82	23.66	0.16
70	15.11	14.93	0.18	19.45	19.31	0.14
75	11.57	11.43	0.14	15.27	15.16	0.11
80	8.48	8.39	0.09	11.43	11.36	0.07
85	6.00	5.96	0.04	8.10	8.07	0.03
90	4.16	4.14	0.02	5.47	5.46	0.01

生きていくのに「いくら」必要なのか?

さて、自分の余命がわかったら、第二の人生を迎えるにあたって、お金の計算も必要になりますね。

何をやるかという目標を掲げるより前に、とりあえず、その基盤となる生活費のことを考えてみましょう。

総務省統計局の「家計調査報告」(平成25年)によると、2人以上の世帯の1カ月間の消費支出は、平均で29万4544円。1年間で348万5448円。これで65歳から85歳までの20年分を計算すると、6970万8960円となり、よく耳にする「老後資金は6千万円」というフレーズに近い金額になっています。

でも、これはあくまでも、定年後もそれまでの生活スタイルを変えずに続けた場合の話です。6千万円の資金がなければ老後は見えないということになれば、絶望の中に身を置く人はいったいどれほどの数になることでしょう。

こちらも雑誌などでよく見ますが、「老後の平均預金は3500万円」。これだって一部の圧倒的金持ちが平均を上げているだけのことです。多くの人は実際にそれほどの蓄えはないでしょう。

では、そんなに貯蓄のない人は、どうしたらいいでしょうか。

50代というのは、実は、大変にお金のかかる時期なんですね。これは、大多数の50代サラリーマン家庭がそうだと思います。

家のローンはまだ終わらないうえに、子供たちが大学生なんていうご家庭は多いんじゃないですか。

子供が二人東京の大学に通っているので、仕送りが大変だという地方に住んでいる方の話もよく耳にします。そうした事情をわかっている子供たちが、東京の一流私立大学ではなく、地元の国立大学を進路先に選ぶケースも増えているそうです。

ですから、特別な人以外は、何千万円などという老後のための資金を蓄えてはいませんよね。

でも、ご心配なく。

50代の今、子供にお金がかかるのは仕方がない。しかし、50代後半になれば住宅ローンも終わりが見えてきて、子供も就職する。60歳で退職金が、そして、65歳になれば年金が入ってくる。

そうなったら、「自分の持っているお金で楽しく暮らす」ことを考えればいいと思うのです。

もちろん、年金がもらえる65歳までの15年間を、どうやりくりするか考えることは非常に大切です。

幸い、リストラをされなければ、60歳までは給料が入ってくる。そのお金をどう使うかでなく、どう生かすかで将来が決まると僕は思います。

「生活保護」に頼らない準備をしておく

多くのサラリーマンの皆さんは厚生年金に加入しているはずですから、老後のお金の問題は、年金が出るまでをうまく乗り切ればさほど問題はないと思います。

「老後資金6千万円」と言っても、サラリーマンの場合、年金支給額が年250万円（夫婦）とすれば20年分は5000万円。必要な資金の8割以上は、年金で賄《まかな》えるわけですから、残り2割程度をどうにかすることを考えればいいのです。

ただ、世の中には国民年金のみ加入している自営業の人や、サラリーマンであっても厚生年金に加入していない会社の方もいますから、すべての人がこの考え方でいいとはなりません。

夫婦とも国民年金の場合は、満額（20歳から60歳までの40年間きっちり納めてきた場合）でも、年額にして一人77万2800円（平成26年時点）ですから、二人合わせても年間154万円ほどにしかなりません。

一人当たりの月額は6万4400円ですから、仮に奥さんを早く亡くし、子供もいないか、いても援助は期待できないといった場合は、この金額で毎月を暮らすことを強いられる場合もあるわけです。自営業の場合はもちろんのこと、厚生年金を掛けられないような会社の場合も退職金はほとんど期待できないでしょうから、これはかなり苦しい生活を強いられます。

そんな環境におかれたとき、住んでいる場所によっては生活保護の金額のほうが年金支給額を上回るので、その差額欲しさに生活保護の申請をする人もかなりいるようです。

もちろん生活保護は、憲法で定められた「最低限度の生活」を国民に保障するための制度ですから、やむを得ない事情の方がこれを利用するのは当然のことです。しかし、問題は、働いているうちから「いざとなったら生活保護があるから」と、浪費を重ねて老後の蓄えをまったくせずにきてしまう人とか、ひどい場合には、年金保険料を納めずにいるような人のケースです。

いくらもらう権利があると言っても、国民の多くがこんな考えを持ってしまったら、国や地方の財政は成り立ちません。生活保護の原資は税金ですから、社会的弱者を救うために使われるなら納得もいきますが、そういう人たちのために、一生懸命働いて年金暮らしとなった人たちの年金支給額が減るという状況になる（どう考えても、回りまわってそうなるわけです）のは、どうも納得できないものがありますよね。

むしろ、50歳で定年後が年金だけでは足りないと気づいたら、何かそれを埋める手立てを考え、しっかり老後に備えてほしいものです。単にお金を貯めろというのではなく、これも50歳からの「生き方」「生きざま」の問題です。

日本人は、古くから他人を思いやり、支えあって生きてきた民族で、困っている人の世話をするのは美徳、施しを受けるのは恥という矜持《きょうじ》を持っていました。そういうことを思い出せ、とまでは言いませんが、「自分のことは自分で何とかする」という人が増えれば、本当に救わなければならない弱い立場の人たちを、どれだけ救えるかを少し考えてみてください。

今の生活ぶりではお金が貯まらないと思ったら、節約生活を楽しみながらお金を貯めるやり方だってあります。50歳から、自分が持っているお金で楽しく暮らすためのお金の使い方については、二章で詳しく書きますので、ぜひ参考にしてください。

50歳からの覚悟①——他人と自分を比べない

サラリーマン社会においては、50歳になった頃から、人それぞれに「大きな差」が出てきます。

同期入社であっても、『課長 島耕作』のように、どんどん出世をしていく人もあれば、『黄昏流星群』のように、子会社に飛ばされてしまう人も出てくるのが50歳です。

もちろん、そんなことはサラリーマン社会では当然のことで、わざわざ僕がここで述べることではないのですが、一つだけどうしても言いたいことは、どんなに「大きな差」が生じたとしても、人と自分を比べない「覚悟」を持ってほしい、ということです。

「やってられないよ、あいつ、俺の同期入社だぜ。なのにさ、おい、聞いてくれよ」

こんな場面、サラリーマン酒場ではお馴染みですよね。同僚や上司に対する愚痴は、格好の酒のつまみでしょう。これだけならまだしも、こういう人は、家庭のこと、子供のことで他人を羨《うらや》んだりします。

「君の子供はいいなあ、東大に入ったんだってなあ。うらやましいよ。それに比べて、うちの息子は女房に似ちゃってさ……」

などと、ひどいことを言ったりしています。

サラリーマンに限った話ではないかもしれませんが、なぜ、人はこうした身近な他人への批判や不満、愚痴などを口にするのでしょうか。

それは、自分を誰か他人と比べるからです。しかも、よく聞いていると、その批判や不満は、たいてい自分より優れた人に対して向けられているのです。

もし、あなたにも身に覚えがあるとしたら、よく考えてみてください。

あなたは、そんな不満を言っても、明日も仕事があるでしょう。会社に行きさえすれば、給料がもらえるでしょう。ボーナスだって出る。息子さんや娘さんだって、元気に学校に行っているんでしょう。そんなあなたが、何を贅沢なことを言っているんだ、と思いませんか？

世の中には、あなたより恵まれない人はたくさんいます。病気の家族を抱えている人、毎日、ハローワークで仕事を探している人、子供が登校拒否で引きこもっている人、思わぬ借金を抱えて苦しんでいる人……そんな人が聞いたら、今度はあなたが批判の対象になりますよね。

そういうことも考えずに、「君の子供はいいなあ…」などと、愚痴ってはいけませんし、愚痴ったからと言って、何か良いことがありますか? 自分にとっても他人にとっても、良いことは何もないと思います。

人と自分を比べるから愚痴が出ます。だからこそ、50歳になったのをいい機会にして、今後、絶対、人と自分を比べないという「覚悟」をしてほしいのです。

つまり、「人は人、俺は俺」ということです。

それでも、あなたが、つい何か愚痴が言いたくなったら、僕は、あえてこう言いたい。「どうせ、比べるなら、自分より恵まれていない人と比較しなさい。そうすれば、いかに自分が幸せか、よくわかりますから」

他人と比べず「自分に勝つ」ことに集中する

「人は人、俺は俺」などと言うと、マイペースで自由に生きていけばいいんだな、と勘違いをする人がいますが、人と比べないということは、自分を甘やかすことではありません。

むしろ逆で、敵は他人ではなく自分、すなわち、常に「自分と勝負をしろ」ということなのです。

僕はゴルフが好きなので、問題をゴルフにたとえてしまう癖がありますが、たとえば、今日、自分の目標がハーフ45だと決めて回り、見事に45で回ったにもかかわらず、一緒の組の人たちが自分よりいいスコアで、僕がビリだったとしましょうか。

そのとき、僕は、「人は人、俺は俺」という考えですから、「ああ、僕は自分に負けなかった」と、たとえ、一緒に回った仲間のなかでビリでも満足なわけです。

逆に、まわりが50以上叩いて、僕が48で回ってトップだったとしてもまったくうれしくない。なぜなら、自分が目標にしていた45より悪かったからです。

それが「人は人、俺は俺」の基本です。

実は、僕はこの考え方を高校生の頃から持っていて、早稲田大学を受験したときも、受験倍率20倍でしたが平気でした。と言っても、自信があったわけではありません。

普通の感覚の人ならその倍率を知って、きっと、試験会場でこう思うでしょうね。

「20倍ということは、20人に1人合格するということか。この教室に200人いるとして、10番以内に入らなければいけないのか」

そう考えたら、周りがすべて自分より優秀に見えて、すでにその段階で負けたような気分になってしまうかもしれません。

ところが、僕は、そう思わなかったのです。

僕は、その前から、早稲田大学法学部の問題の「傾向と対策」を研究し、だいたい平均で何点取った人が合格しているかという、過去の合格ラインを把握していました。

それは、試験問題全体の63%を正解すれば合格するという、シンプルな統計的事実です。ですから、人よりたくさん正解するということではなく、とにかく全体で63%の正解をクリアする。ただそれだけを考えていたのです。

そう考えれば、競争率など関係ありません。英語や国語、日本史や世界史といったそれぞれの試験科目で１００点満点中63点、英語で55点しかとれなかったら国語と日本史で67点でも結果は同じ。平均63点をクリアすれば合格ラインにたどりつくのですから、どんなに倍率が高かろうと関係ないのです。

つまり、「他人よりも高い点数を取れるか」ではなく、「自分が63点平均を取れるか取れないか」がすべて。これが「人は人、俺は俺」の根本的な思想です。

常に自分で目標を立て、それに勝つことだけを考える。他人は関係ありません。

敵は他人ではなく、自分。

この精神も、50歳になったら身につけることをすすめます。

50歳からの覚悟②——わが子の教育問題から逃げない

話が少し横道に逸《そ》れました。

50歳になったら持つべき覚悟のその一は、「人と比べない覚悟」を持つこと。そして50歳の「覚悟」その二は、子育て、教育に関することです。

50代にもなれば、普通は仕事上の責任が若い頃とは比べものにならないくらい大きくなります。そうなれば当然日々仕事に追われますから、ますます家庭のことを考える時間がないという50代の男性は、さぞ多いことでしょう。

しかし、30代、40代のとき以上に、家庭内において、子育てに関するさまざまな問題が浮上するのも、50代なのだということもぜひ知っておいてください。言い換えれば、50代の男性は、家に帰れば妻と向き合って、子供のことを真剣に話し合う必要に、それまで以上に迫られるわけです。

なぜかと言えば、一般的に50歳と言えば、子供が10代後半から20代前半です。30代、

40代の頃は子供が小学校や中学校で、もちろんこの時期特有の問題はあるでしょうが、まださほど将来の問題までは考えなくてすみます。ところが40代後半から50代になると、高校入試、大学入試、就職といった、子供の大事な将来の進路にかかわる問題が出てきて、これに関しては母親に任せっきりにはできなくなるからです。

子育てに、やっと父親が必要になったということです。最近は〝育パパ〟なる若い父親も増え、子供が小さい頃から積極的に子育てに参加するようですが、今の50代世代にそんな人は少ないはずです。小中学校の授業参観に出席するのはせいぜい年に1回、あとは母親任せにしてきた人が多いのではないでしょうか。

それが50歳の声を聞いて、ようやく父親の出番が来たのです。受験校や就職先の選択、わが子の将来、さらには子供が心配しているかもしれない金銭的援助の約束、もっと言えば、将来に向けての人生哲学まで……父親として、子供に対してやってあげなければいけないことはたくさんあります。

それなのに、相変わらず仕事一辺倒で家庭を顧みない夫の多いこと。これでは、妻や子供は当然不満を抱えます。

それでなくとも、受験生や就活している子を持つ家族はデリケートです。子供は子供なりに、自分の人生を賭けている。そのことがわかっているから、家族はピリピリしているのです。子供のその後の人生が決まるかもしれないそんなときに、息子や娘と一緒になって受験戦争や就活を勝ち抜こうとしない無頓着な父親は、きっといつの日か、妻や子供たちから強烈なしっぺ返しをされるに決まっています。

たとえば、わが子が大学受験で必死なときに、自分が受験生だったときには、親に何も手伝ってもらわなかった、自分一人で受験戦争を勝ち抜いた、などと決して自慢にもならないことを言っているお父さんがいますが、もはや通用しないでしょうね。

今や時代は大きく変わっているのです。

家族みんなが支えあって、子供の受験を見守り、支え、合格すれば全員で喜び合う。良いか悪いかは別として、そういう父親へのニーズがあるのですから、大事なことは、子供の教育問題から決して逃げない、という「覚悟」を決めることです。

それほど難しいことではありません。あなたが「今年一年は、仕事より子供の受験を第一に考える」と決めればいいことなのですから。

50歳からの覚悟③——親の介護

世界有数の長寿国となった日本において、親の介護は、多くの人が直面する大きな問題です。

厚生労働省の統計によれば、年齢別に見た要介護者の割合は、一番多いのが「80～84歳」（23・9％）、次いで「85～89歳」（22・8％）、「90歳以上」（19・8％）、「75～79歳」（16・6％）となっています。

これを人数にすると、だいたい70代と90代の要介護者は90万人前後、一番多い80代では約200万人が要介護者です。

80代の人口は約740万人ですから、4人に1人以上は要介護者です。90代になると人口約148万人に対して90万人ですから、3人に2人が要介護者となっているわけです。実際には、要介護者でなくとも身の回りの世話を必要とする人はもっと多いことでしょう。

一方、介護する側から見ると、自分の親が介護を必要とする可能性の高い80代になる頃、その息子や娘の多くは50代〜60代です。ということは、50歳になったら、親の介護はすぐそこにある問題と言っていいでしょう。

しかし、この問題はデリケートなだけに、できれば避けたい話題となりがちです。

今、僕が挙げた数字を見ても、「親の介護が迫っている。今からいろいろ考えておかなくちゃ」と、前に踏み出すような気持ちになる人は少ないことでしょう。要介護者が出ないうちに、この問題をよく話し合っている家庭はなかなかありません。知らず知らずのうちに問題の先送りをしてしまうのです。

気持ちはわかりますが、これからの超高齢化社会で生きていく50歳にとっては、親の介護は避けては通れません。

いや、こういう言い方がそもそもよくない。「避けて通れない」と言うと、どうしても嫌々感が出ます。自分を育ててくれた親はもちろんですが、配偶者の親であっても親は親。大切にするのは当たり前のことです。

三世代の大家族が多かった昔は、「親の介護」などという言葉もありませんでした。

子供が親の面倒を見るのは当たり前で、自然なことだったからです。

昔は「家」というものを中心に置き、「家を継承する」ことを人生の大目標に置いている人たちが多かった。つまり、親の面倒を見ることは、そのまま将来の自分が子供に面倒をみてもらうことにつながり、それが「家を継承する」ことに自然につながっていました。

子供から見ればそれが「親孝行」であり、親から見れば「老いては子に従え」であったわけです。

もちろん、今は時代が違います。かつてのような大家族は、田舎でも多くはなくなりました。

家の継承を前提にした大家族と家に縛られない核家族と、どちらが良いなどと簡単には言えません。どちらにも良い面、悪い面があります。

ただ、親の介護という視点だけで見れば、「家の継承」という考え方が生きている大家族型社会のほうに分があるという面は、確実にあります。

しかも、今は昔よりも皆長生きになり、確実に高齢者が増えているわけです。つまり、昔よりも今のほうが介護を必要とする高齢者が断然増えているにもかかわらず、それを自然な流れの中でこなせるような社会は消滅してしまった。ここに日本の介護問題の根本があると言えます。

高齢者が子供夫婦や孫と同居していれば、問題が起きる可能性は少ないのは当然ですが、現実はどんどん逆のほうに振れています。

内閣府の調査によると、昭和55（1980）年には、高齢者とその子供との同居率はほぼ7割でした。それが平成11（1999）年に50％を割り、平成23（2011）年には42・2％。子供との同居率は大幅に減少しています。

すると、それに伴って、一人暮らし、夫婦のみの世帯数が激増し、平成23（2011）年の調査では、高齢者の一人暮らしが全体の16・9％、高齢者夫婦のみの家庭も37・2％に上っています。

戦後になって急速に進んだ日本の核家族化は今や当たり前となり、今後昔のような大家族が増えるとはとても思えません。家族と同居する高齢者はますます減少していくわけです。

そうした家庭環境において、親の介護が必要になったときに、まず持つべきは「親への感謝」であることは言うまでもないことでしょう。

ただし、その一方で自分は「マザー・テレサにはなれない」ということも念頭に置いておかないと、介護以前に家庭崩壊を招く危険性もあります。

「まず親に感謝する」というのと矛盾するようですが、親の介護を考えるときに、真っ先に考えるべきは、「介護による家庭崩壊を避けること」だと思います。親に感謝し、大切に思う気持ちが強ければ強いほど、無理をしてしまうというケースが多い。

介護が必要になった親を引き取ったがために、自分たちの家庭が崩壊してしまうことは珍しくありません。

多くの場合、自宅介護は女性の負担が大きくなります。

最初は頑張ろうという気持ちで臨んでも、妻にとって夫の両親はやはり他人なのですから、心身ともに無理を重ねていくケースが多く、熟年離婚の大きな原因になってしまうのです。

妻の両親の場合は、引き取って同居するケースは少ない代わりに出費がかさむケースが多く、経済的な負担が問題となる場合も出てきます。

そこで心優しい日本人の中には、「親より自分たちのことを優先していいのか？」という気持ちが働き、無理をして貯金の大半をはたいてしまう、子供のために蓄えてきた学資金まで使ってしまうなどという悲惨なケースもあります。

介護で無理を重ねて家庭崩壊を招くことだけは絶対に避けなければいけない。家庭崩壊してしまったら、親はどうなりますか？

たとえ介護に支障がなくとも、自分のために崩壊してしまった子供の家庭を見たい親がどこにいるでしょうか。

ですから、まず「無理をしない」ことを優先順位の一番に置くのが、介護をうまくこなす秘訣と言ってもいいかもしれません。

僕はファミレスでよく人間観察をするのですが、車椅子の老婆を連れて来店する50歳くらいの男性がいました。何気なく見ていると、男性が食事の世話をしている。「ああ、親子なんだ」と思ったわけです。

この親子を見かけるのは平日の昼間。その男性は、母親の介護のために会社をやめてしまったのだと確信しました。

詳しい事情を知っているわけではありませんから、この男性のことをどうこう言うつもりはもちろんありませんし、それぞれの事情というものがありますから、誰でもこう考えるべきだとは思いません。しかし、多くの人に当てはまるだろうと思うのは、親のことを敬い、感謝し、自分たちにできる範囲で最上のことをする。そう考えた上で、「無理しなければできないことは、他人の力を借りていいんだ」と割り切る覚悟も必要ではないか、ということです。

他人の力というのは、さまざまな介護サービス、あるいは特別養護老人ホームなどの高齢者施設のことです。そうした情報を集め、行動を起こし始めるのが50代だと思ってください。

どうしても避けられない問題ですから、前もって夫婦間で親の問題についての意思統一を図っておくべきです。夫婦間でそういったシビアな相談をしなければいけなくなるのも50代なのです。もちろん、元気なうちに親と話しておくことも大事です。

つまり、親の問題を決して一人で抱えないこと。

家族だけでなく、兄弟、親戚、さらには地域の行政をも含めて、この問題をみんなで共有することが大事だと思います。

世の中は広い。同じ悩みを持った人が世間にはたくさんいます。ネットで発信しただけでも、さまざまな解決法を教えてくれる時代ですから、そういうツールもどんどん活用したほうがいいでしょう。

仕事でも家庭でも大きな問題と直面するのが50代ですが、それをマイナスと考えずに50代を生きる。親の介護から決して逃げないこと、それと同時に無理をしないこと。早くから意識してある程度心の準備をしておくこと。

いざとなったときに、マイナス思考に陥らないための秘訣ですね。

50歳からの覚悟④——「失う」覚悟を持て

僕の周りで、50代で妻を亡くした人はけっこういます。あなたの友人にも、たとえば奥さんをがんで亡くされた方がいるのではないでしょうか。

今までは他人事だと思っていたかもしれませんが、そういうことが、あなたにいつ起こらないとは限らない。これも50代という年齢なのです。

「え、あんなに元気だったのに！」と驚いたときにはすでに手遅れで、「なぜ、定期検診を受けなかったんだ」と嘆いても仕方ありません。

つれあいを亡くしてしまったあとも大変です。男性の場合は喪失感から急に元気がなくなるケースが多いのですが、それでも50代なら子供のためにも前を向かなければなりません。

また、病気でなくても、奥さんがあなたの目の前から突然消えることだってあるでしょう。「離婚」です。以前なら、定年になったのを機に妻が言い出す「熟年離婚」が多かったのですが、働く女性が多くなった最近では、50代で妻から離婚を言い出すケースがとても多いのです。

これも、「まさか」でしょうね。しかも、困ったことに、妻のほうは決して思いつきではなく、何年も準備をしたうえで離婚を決心しているケースが多い。

「え、どういうこと？　ちょっと待てよ……。ゆっくり話そうよ」

寝耳に水の夫は、ただオロオロするだけでしょう。

離婚を宣告された夫のなかには、「なぜ、離婚しなければならないのか、わからない」と言う人が多いのですが、逆に言えば、そういうことに気づかない夫だから離婚されたとも言えるのです。

妻が病気のケースでも、妻から離婚を求められるケースでも、厳しいことを言えば、多くの50代は、まだ「覚悟」が足りないのです。

50歳になれば、「得る」ことよりも「失う」ことが多くなる。冷静に考えれば当然のことです。

リストラによって仕事がなくなる。人事異動で肩書を失う。肩書がなければ、信用を失う。ローンが支払えなくなれば、家もなくなる。挙句は、病気や離婚で、妻を失う。

近いうちに、何か大事なものを失う――その「覚悟」が必要なのも、50代なのだということをしっかり胸に刻んでおいてください。

ここまで書いてきたいくつかの「覚悟」がしっかりとできたら、次に50代を具体的にどう生きるか、その「生き方」について、一緒に考えていきましょう。

第二章

これから、どう生きるか

ローリスク・ローリターンという「生き方」

さて、ここからが本題です。

「覚悟」ができたところで、いよいよ、50歳から始める第二の人生への具体的な準備に入りましょう。

50歳になったあなたが目指す道には、実にさまざまなスタイルがあります。どの道を選び、どう進んでいくかは、それぞれの資金や収入、家族構成、住環境、志向や特技など、いろいろな状況を踏まえて自分の未来像を実像化していくわけですが、まず考えておかなければならないのが、こうした50歳からの人生計画の基礎となる資金や収入、要するにお金の問題だということはすでに述べました。

平成26年度の統計によれば、標準世帯、つまり平均的な収入で働いているサラリーマンの夫と同い年の専業主婦という世帯が65歳から受け取る年金金額は、二人で月額22万円～25万円くらいと言われています。

ですから、切り崩すような預金はあまりないと仮定した場合、平均的夫婦の老後は、毎月20万円前後で生活していくことになるわけです。

住宅ローンが残っていたり、毎月家賃を払わなければならないといったことはないとすると、夫婦二人で月に20万円あったら、贅沢をしなければ何とか暮らしていくことはできるでしょう。月6万円強の国民年金のみで生きていかなければならないケースに比べれば、それでも比較的恵まれた環境といえます。

もっとも、車を持っていれば、ガソリン代や駐車場代、車検などにお金がかかりますし、持ち家であっても、固定資産税やマンションなら管理費もかかる。バカにならないのが冠婚葬祭の費用。親戚の結婚式に呼ばれたら断るわけにもいかないでしょうし、葬式も年をとれば多くなるのも覚悟しておかなければなりません。

そう考えるとやはり、それまでと同レベルの生活をしていたら月20万円前後では苦しいでしょうね。

そこで必要になってくるのが、住居や交友関係などを縮小して無駄な出費を減らすこと、いわば守備固めです。

ですから、僕はここに一つの手段として、「ローリスク・ローリターン」という形で、安定した生活を持続することをおすすめします。

ローリスクとは、文字通りリスクを減らすこと。

「うまくいけばお金が増えるかも……」と欲を出して、虎の子の退職金や貯金を株式投資や先物取引などにつぎ込んで、余生を台無しにしてしまう人がいますが、これほど愚かなことはありません。

プロ並みのトレード情報や技術があるとか、なくなってもいいお金が1億円あるとかならともかく、素人がにわか勉強で太刀打ちできる世界ではありません。

一時的にうまくいくことはあっても、こうした世界では損を出すのは一瞬で、それを埋め合わせることができるのは、相当な運の持ち主だけ。ですから、余分なリスクは最初から負わず、ローリターン、すなわち地道な方法でコツコツお金を貯めていくのが賢明です。

それを収入の激減する定年になってから開始するのではなく、50歳になった瞬間から強く意識し、始めてしまうのです。50歳から始めるということは、定年まで10年間もあります。この時期に、すでに自分が定年になって、月20万円前後しか収入がなくなったと思って、生活を営むこと。

これが、ローリスク・ローリターンの生活を「持続する」ということです。

これを10年間やり続けられたら、間違いなく、老後は明るいでしょう。ボーナスなどがあっても、それを「ないと思って暮らす」生活を目指せば、かなりの預金も期待できますね。

たとえば、ひと月10万円の節約で、10年間。計算上は、定年前に1200万円の貯金。そこへ、プラス退職金です。

とは言っても、さすがに50代前半で子供が大学生だったら、すぐに月10万円の貯金はできないかもしれません。それでも、常に「月20万円生活」を意識するだけでも違います。つまり、「お金を使わない楽しみ」を持ってほしいということです。

食費「月1万円」の節約ゲームをしてみませんか

「お金を使わない」というと、普通そのイメージは、「ケチ」「苦しい」「我慢する」です。

それを「お金を使わない＝意外に楽しい、なかなかいいじゃん」という感覚に変えること。これができれば、あなたはもう〝老後の達人〟の域に達したと言ってもいいでしょう。

要するに、お金を使わないことを楽しめればいい、というだけのことですが、この感覚を持つのは意外に難しい。

そこで、苦しい「節約生活」をしているのではなく、楽しい「節約ゲーム」をしているつもりになるのが早道だと思います。

節約生活はともすれば、「ケチ」という蔑《さげす》みの言葉に置き換えられてしまいますが、節約ゲームの場合はそうなりません。

あなたは「給料が入るのに、入らないと思って生活をする」わけですから、本当は使おうと思えば使えるのに使わないということです。

何も生きるか死ぬかの真剣勝負をしているわけでもなく、気持ちに余裕のある「サバイバルゲーム」に参加しているのと同じこと。だからこそ、楽しむ余裕も生まれるわけです。

おすすめは、「食費月1万円」というルールで行う節約ゲーム。テレビの番組でやっている、あれですね。

ルールは、食べ物に使うお金は「月1万円」と、これだけ。サラリーマンはどうしても付き合いがありますから、その分は交際費ということにして、食費にカウントせずにやるのもいいでしょう。

これは意外に面白いと思います。

僕はあの番組に出たら、けっこういい成績を残すことができると思います。僕のプロダクションでは、毎日交代で食事を作ることになっていて、もちろん僕も作る。プライベートでも、料理は大切な趣味として楽しんでいるからです。

普通のサラリーマン人生を送ってきた多くの50代は、近所のスーパーで売られている食材が安いのか高いのか判断できない人がほとんどでしょう。でも、それも毎日覗いているうちにわかるようになってくる。「今日は安くていい魚があるな」「今日のひき肉は安いから多めに買って冷凍しておこう」というように。

女性の皆さんはそういうことはすでに経験済みで、もっと裏ワザを知っているかもしれませんから、奥さんから聞き出してやってみるのもいいですね。とくにサラリーマン男性ならこんな経験は新鮮で、意外な発見があったり、生活の知恵が身についたりで、十分に楽しめると思います。

そうやって、月末になって１５００円も浮いていたらどうですか？

「じゃあこれを来月に繰り越して、今度は1万１５００円の食生活。ちょっと贅沢しちゃおうかな」なんてやるのもよし、「１５００円で広島風お好み焼きを買って食べよう」でもいいし、楽しみ方はいろいろです。

「なるほど、節約ってこういう楽しみがあるのか」

お金が思った以上に貯まってくると、きっと、そんなことを感じるときがくることでしょう。

定年を迎え、必要に迫られてからする節約は面白くありません。余裕のある50代からはじめる節約だからこそ、楽しいのだと思ってください。

ローリスク・ローリターンだからといって、つまらない第二の人生にしたくない。あなたがそう思うのは至極当たり前のことですね。

つまらないことを、面白く。

それが、ローリスク・ローリターンの生活を楽しむ秘訣。今、目の前にある現実を受け入れて楽しむことが、50代になったら身につけていただきたいプラス思考というものです。

「友だち」を減らしなさい

「ローリスク・ローリターン生活」をはじめた50代のあなたに、さらなる提案がありま す。それは、友だちとの付き合いをやめることです。

いや、さすがに友だちが一人もいないのはどうかと思いますから、必要でない友だちを減らしていこうと言ったほうが正確かもしれませんね。

たしかに、サラリーマンとして働いている間は、名刺交換をした相手には年賀状を出すという気配りも必要でしょう。人間関係を潤滑にするため、上司にお中元やお歳暮を贈るとか、同僚へのお土産やお祝いに気遣うことも必要かもしれません。

しかし、考えてもみてください。いずれ近い将来、その方たちとの付き合いもほとんどなくなります。定年退職をした後は、そこまで幅広い人付き合いを続ける必要がないからです。

だとしたら、定年になったら付き合わないだろうなという人と、今からあと10年しっかり友だち付き合いをしたところで意味がないし、相手だってそう思っている。だったら、50歳になったのをきっかけに、友だちをどんどん絞っていくべきなのです。

もっとも、60歳を見据えて、社長を目指す、起業をする、ということを考えている50代なら〝人脈勝負〟は絶対に必要ですから、当てはまりません。でも、あなたにもし、そんな野心がないのなら、徐々に交友関係を縮小していき、おそらく晩年は気の合う仲間が5～10人もいれば十分だと思います。

僕の知り合いには、お中元やお歳暮を100件も贈る人がいますが、贈り物1件3千円として年間60万円の出費です。何百枚という年賀状を書く時間だって馬鹿になりません。

そうやって儀礼を欠かさない付き合いをしていると、定年になってからの年金生活の中で、友人の息子や娘の結婚式に呼ばれたり、それほど親しくなかった人の葬式に行かなくてはいけなくなり、無駄な出費が増えますよ。

定年後を見据えて、今から無駄な時間と労力、出費は抑えるべきです。どうするかは、あとで詳しく書きますが、まず心構えとして、あるとき、友人関係をお互いに潔く転換する、つまりは距離を置くという勇気も大事なのです。

僕は、学生時代を振り返っても、高校・大学を通じてクラブ活動に専念するとか、幹事を任されたというタイプの学生ではありませんでしたし、仲間とつるんで何かをしようとするタイプでもありませんでした。

一度だけ、映画監督になりたいと思ったこともありましたが、映画は脚本家、キャメラマン、俳優、照明、音楽、衣装、大道具といった人たちとチームで行動しなければならないことがわかり、それが嫌で、一人で自己表現のできる漫画家の道を選んだのです。また、会社に入ったときもそうでした。新入社員当時から、決して同期の仲間たちと群れることはありませんでした。酒の席で上司の愚痴を言い合ったりするのが嫌だったのです。仲間なんて大人の世界には必要ない、自分の足でしっかり立つこと、それが大事だと信じていました。

でも、それが正解でした。人に頼らず、自分一人で生きていく。それが50歳のけじめだとすれば、友だちを減らすことなど簡単なことです。

小学生の頃は、仲のいい友達なんてだいたい10人もいたら多いほうでしょう。ですから、その頃に戻ればいいのです。お世話になった仲人さんなどに対する贈り物や年賀状が自然にフェイドアウトしても、気にすることはありません。こちらが歳をとるのと同時に先方だって歳をとるわけです。

昔、世話になった先輩とか、どうしても切れない方には、時々メールを出したり旅先から絵葉書を送ったりという気遣いがあれば十分だと思うのです。

僕は、子供に面倒をみてもらおうなどとは考えません。その代わり「子孫に美田は残さず」で財産も残さない。大げさかもしれませんが、人生を楽しんで、死ぬときにちょうど、ポケットに入っていた最後の百円玉を使い切る。それが理想ですね。

これも人生の引き算です。

最後の瞬間にゼロになればいいと思えば、そこに向かって徐々にいらないものを引いて、捨てていく。

もちろん、最後に残る最大でも10人程度の友だちはかけがえのない人たちでしょうが、これも病気になったりして一人ふたりと減っていくのは仕方がない。それが、年齢を重ねるということなのですから。

人生は片道切符。だから賭ける価値がある

サラリーマンの多くは、50歳になると、なんとなく自分の出世の限界が見えてきて、「自分の人生、このままでいいのか?」と考えます。

短い間ですが、僕もサラリーマンを経験しましたから、50代のそういう感じはわかります。誰しも、ふと、自問自答したことはあるのではないかと思います。

50歳という年齢は、困ったことに、山登りでいえば6合目くらいのところにいて、あきらめるにはちょっと早いと感じるわけです。だからと言って、このまま登っていっても楽しくはないし、これといった登り甲斐もない。

山登りはやめて、海に行くか。

つまり、このままの状態を継続しながら65歳以降の人生を考えていくか、転身を図って第二の人生を切り開くかという岐路に、多くの人が50歳のあたりで立つことになります。

しかし、転身にはとても勇気が必要です。

自分の性格も技量も経済状況もだいたい把握できている状況で、しかも時間的な制約が見えている中で新たな分野に挑戦するのですから、賭けになる要素が大きい。会社でやってきたことを生かして独立する場合でも、全責任を自分が負う立場になるわけですから、これも賭けには違いありません。

転身に残りの人生を賭ける。

そんな「生き方」が成り立つのも、50歳です。

でも、「賭ける」のには度胸がいります。負けたら、失うものが大きいですからね。

僕は賭け事、いわゆるギャンブルはしません。大学生時代にマージャンくらいはしたことがありますが、賭けゴルフなどは一切やりません。賭けゴルフと言っても、もちろん、遊びですが……。

なぜ、僕が賭け事をしないかと言えば、それは負けたときの悔しさが勝ったときの喜びよりも大きいからです。

ギャンブルが好きな人というのは、勝ったときの快感が忘れられなくて、負けたときの消失感を乗り越えるものだと思いますが、僕は逆で、負けたショックのほうが大きい。ということは、つい（ああ、やらなければよかった）と思ってしまうので、次に続かないのです。僕には、きっと生まれつき、そういう博才はないのでしょう。

そんな僕でも、人生の賭けなら経験があります。

20代で松下電器を辞めて、漫画家に転身したのですから、僕にとっては、まさに大きな賭けでした。

ですから、50歳にして出世の見込みがなくなり、ただ安泰のために継続を選ぶしかないのであれば、それはそれでいいですが、もし、若き日の僕のように、転身をしようとする人がいたら、止めたりはしないつもりです。どちらかと言えば、転身して頑張ろうという最後の「賭け」を応援したいという気持ちがあります。

ここで言う「賭け」は、人生を賭ける話ですから、いわゆるギャンブルとは違います。負ければ賭けたお金が無意味になるものではなく、お金を取り合うものでもなく、転身のための努力は、仮に思い通りの転身が成功しなくても、絶対に無駄になるものではありません。

状況が変わって軌道修正をしなくてはならないときがきても、一歩踏み出した勇気や本気で学んだことは、次のプランでも必ず役に立つはずです。

人生は、片道切符。

もし、人生が往復できるものであったなら、人生の岐路に立たされたときに、「行きはこっちに行って失敗したから、帰りはこっちにしよう」というのもアリかもしれませんが、うまくいくとは限りません。

むしろ、来た道が険しい道であればあるほど、「えー、あんな道をまた戻るの？　勘弁してよ」となるはずです。ところがうまくしたもので、人生という切符は往復ではなく、いつでも片道切符。行ったきりでいいのです。

苦労はしても、同じ苦労を二度することはない。ですから、転身は挑戦してみる価値があると思うのです。

50歳で持つべきは夢ではなく「目標」

ただし、転身する際に大切なのは、「一発逆転」を期待しないことですね。「あいつ、すげえな」と、同僚や先輩たちに羨ましがらせることを目的とした華麗なる転身ではなく、確実に、実現可能な転身を図ることです。

さらに、50代で持つビジョンは、確固たる信念がなければ、絵に描いた餅で終わる危険性があります。

30年も40年も先の話ではなくて、10年か15年後には実現したい目標なのですから、やるならやると腹を据えてかからなければ成功はおぼつきません。

初めからこれをやる、と決めている人はともかく、まずは「何をやるか」を明確にしなければなりません。

人間の興味などというものは、ある日、ふとしたことから始まるもので、そこに意外性や飛躍が潜んでいることだってあります。

長くても4～5年の間には、その漠然としたものが、しっかりと輪郭をもった形になっていなければダメでしょう。

とくに起業を考えるのであれば、早いほうがいい。遅くとも、体力も気力もある55歳くらいまでに現実的な準備を始めるべきです。

たとえば、喫茶店のマスターになるにしても、手打ちそばやラーメン店のオヤジになるにしても、その道で収入を得よう、事業で生計を立てようと考えるのであれば、そのための勉強は転身を図ろうと心に決めたときから、死にもの狂いでやらなければダメです。

町を歩けば、喫茶店やラーメン店がいくつもありますから、つい「たくさんの店が成り立っているのだから俺だって……」と考えがちです。

しかし、たしかにニーズはあるのでしょうが、それだけ激しい競争に晒《さら》されていて、潰《つぶ》れる店も多いことを覚悟しておかなければなりません。そうならないために、まずは徹底調査です。

週末は流行っている店を回って、味はもちろんのこと、立地や雰囲気など、なぜその店が流行っているのかを細かく分析しなければならないでしょう。

さらに、そういう店を実現するには、どこでやればいいか、どの程度の店舗が必要か、仕入れ先はどこがいいか、それには資金がいかほど必要で資金調達は可能か、最低計算できる利益や利回りはどれくらいか、といった計算をして、勝算を立てなければなりません。

50歳で持つべきは夢ではなく、目標です。そして、目標を達成するために必要なものは明確で綿密な計画です。

そうした「50歳のビジョン」を持つことができたなら、最後に必要なのが、踏み出す勇気というものなのです。

宇宙飛行士にはなれなくとも、漫画家にはなれる

もっとも、いくら勇気や度胸があって、人一倍の努力ができたとしても、50歳からでは絶対に無理な転身というのもあります。

たとえば、今から宇宙飛行士になろうと言っても無理でしょうし、テニスが好きだから、プロのテニスプレイヤーになりたいと思っても、肉体が言うことをきかないでしょう。ゴルフはできても、プロゴルファーはまあ無理ですよね。

でも、「漫画家なら、なれるかも」と僕が言ったら、驚きますか。

もちろん、才能もないのに、ただ漫画が好きだからとか、ただ漫画家になりたいからというだけではさすがの僕も「アホか！」と言うでしょうが、大学時代に漫画研究会で描いていたとか、サラリーマン生活を続けながら、新人賞には応募していたというような経験があれば、漫画家になれないことは決してありません。

たとえば、『ナニワ金融道』で一世を風靡《ふうび》した青木雄二さんは、高校卒業後、鉄道会

社に就職しましたが5年後に退社、その後、町役場、ビアホール、パチンコ店、キャバレーなど30種の職を転々とし、昭和45（1970）年、25歳のときにビッグコミック新人賞佳作で漫画家デビューを果たしたのですが、その後売れませんでした。

それで、デザイン会社を経営しながら漫画を描き続け、平成2（1990）年、45歳のときに『ナニワ金融道』でようやく売れたのです。それから十数年後、58歳で肺がんで亡くなりましたが、亡くなってからも漫画の人気は続いています。

『ドラゴン桜』の三田紀房さんも遅咲きです。

彼は大学卒業後、西武百貨店に就職したものの、衣料店を経営していたお父さんが病気になったため、お兄さんともども故郷の岩手に戻り、店を継いだんです。でも、経営がうまくいかないので、漫画で儲けてやろうと新人賞に応募しはじめ、30歳のときに、講談社のちばてつや賞を受賞。それで店をたたみ、45歳のときに描いた、東大受験をテーマにした『ドラゴン桜』が大ヒット、50歳で売れっ子漫画家の地位をつかみました。

また、大学の漫画研究会で僕の後輩だった安倍夜郎もそうです。大学卒業後の彼は20年近くも広告代理店でＣＭのディレクターをやっていたんですが、漫画家にどうしてもなりたくて、41歳で転身。2年ほど鳴かず飛ばずでしたが、43歳のときに描いた『深夜食堂』が売れて、人気漫画家の仲間入りができました。

そうした彼らに共通していることと言えば、「漫画で儲けてやろう」という不純な動機もそうですが、漫画家やアシスタントとしてのキャリアを積んでからの成功ではなく、40歳、50歳になるまでに一般社会の表も裏も知り尽くし、そのことを武器に漫画家として成功したことです。

一流漫画家のアシスタントを何十年やってきたというより、はるかに面白い漫画が描ける経験を彼らは持っていたわけです。

学生時代に漫画研究会で漫画ばかり描き、その後、サラリーマン生活を通じていろいろおもしろい経験をしたという人がいたら、これまで「自分だけが体験してきたこと」を素材に、漫画を描いてみるのもいいかもしれません。

もちろん、こうした転身は、漫画家限定の話ではありません。小説の世界では、時代小説をお書きになっている人気作家、山本一力さんは49歳のときに書いた小説でオール読物新人賞、そして平成14（２００２）年、54歳のときに書いた『あかね雲』で直木賞。

一気に一流作家になって、2億もの借金も6年で返したそうですから、すごいですね。

他にも、『永遠の0』で大ブレイクした百田尚樹さんがこれを発表したのが50歳、『abさんご』で芥川賞の最年長記録を作った黒田夏子さんはなんと75歳、『月下上海』で松本清張賞を受賞し、「食堂のおばちゃんから作家に」と話題の山口恵以子さんも55歳です。皆さん、早くからものを書くことはやっていたようですが、それまで作家として生計を立てていた方たちではありません。

漫画家や小説家への転身はもちろん特殊なケースですし、成功するにはやはり才能は必要ですから、誰にでもできるわけではありません。

ただ、特殊な世界であっても、スポーツ選手のように初めから無理というわけではありませんから、若い頃から興味を持ち、趣味でやってきたような人でしたら、ラーメン店や喫茶店をやるより、50歳になっても成功する可能性はあるのかもしれません。

さらに言えば、漫画や小説を書くのにお金はほとんどかかりませんから、週末や夜の時間を利用すれば、サラリーマンをやりながらでも作品を作ることはできます。ダメモトでチャレンジしても、失うものはありません。

「起業」という選択は誰でも可能か?

継続か転身か、という話を書き続けてきましたが、同じ転身でも、50歳になって、サラリーマンを辞め、自ら社長になって事業をはじめようとする「起業」は、かなりの賭けであることは、誰でも知っています。

なぜなら、50歳で事業を自ら起こすのですから、経済的にも失敗は絶対に許されないからです。

では、そんな賭けに成功する人とは、いったいどんな人なのでしょうか。

僕は、かなり「特別な人」ではないかと思います。「特別な人」とは、その分野で抜きん出た才能があり、努力家でもあり、さらに幸運にも恵まれた人。そういう人だと思うのです。

55歳で起業に成功した人の例を一つ挙げておきましょう。

この方は、漫画の取材の過程で知り合ったのですが、若い頃から漁船を製造する会社で営業として働いて、最終的には役員まで昇りつめます。しかし、その後、折からの沿岸漁業の不振で会社は傾き、多くの仲間たちを早期退職に追い込んでしまいます。

責任感の強い彼は、そのことに苦しみます。そして、一念発起。自分で会社を興して、昔の仲間たちを雇おうと思ったのです。

彼は、いったいどんな会社を作ったのか。

それは、それまで長い間、自分が漁船を売り続けた全国の漁師さんと連携し、その土地、その海でしか獲れない魚を買い取り、全国のホテルや外食産業に販売する会社でした。

キーワードは「今獲れ」。今獲れたばかりの魚を、全国の浜から都会にすぐに発送するわけですね。

これが当たって、3年目には売上げが年間で3億5千万円になったといいます。もちろん、早期退社した仲間たちも呼び寄せ、彼の会社で喜んで働いています。

資金は、それまでの貯金、退職金をすべてぶち込んだそうですが、この人がここまで来るまでに、どれだけ昔のコネを使って全国を交渉して回ったか。想像を絶する努力があったことでしょう。

しかし、この人が素晴らしいと思うのは、起業したことによって、地方の漁師さんたちの仕事も増え、ホテルや外食産業を通してお客さんはおいしい魚を食べられ、さらに、退職した仲間たちに笑顔が戻りと、周りを皆幸せにしたことだと思います。

もちろん、才能と努力があったからこそ、できた起業かもしれませんが、そもそもの動機が、自分のことよりも仲間を救おうと考えたことにあった、というのが素晴らしい。この美しい動機が運を呼び込んだのだとも思います。

この人の場合は「仲間のため」でしたが、これが「家族のため」であってもいいわけです。

人生経験を積んだ50歳からの起業なら、ただの金儲けではなく、多くの人を幸せにするような「選択」もあるということは覚えておきたいものです。

昔から「三方よし」という言葉があります。売り手よし、買い手よし、世間よしの三つです。まさに、この方の起業は、「三方よし」でしょう。

しかし、こうした起業は誰でもできるものではありませんし、世の中、100人中90

人は普通の人です。

ですから、そば屋でも、ラーメン店でも、喫茶店でもいいですが、もし、あなたが50歳で会社を早期退職して、何か新しい分野に挑戦しようと思ったときに考えてほしいことが一つだけあります。

それは、自分と同じように、いつか、その分野で独立したい、成功したいと思っている人間がこの広い世間には、何万人といるということです。

それでも俺は「その世界のトップに絶対に立ってやる」とか「自分の手でこの人たちを喜ばせたい」といった強い動機や明確な意思があるかどうか、そのための必死な努力ができるか、それをもう一度、冷静になって確かめてください。

あなたは、本当に必死になってやれる自信がありますか？

50代だからこそ選ぶ「オタク」という生き方

「あいつ、昔からつきあい悪いよなあ、今夜も誘ったけど、断られたよ」

「仕方ないよ、オタクだもん」

そんな会話をよく聞きます。

「オタク」とは、最初は漫画やアニメなどのサブカルチャーに傾倒した人のことを指していたのですが、今では一般的に、自分が興味ある事柄を徹底的に追求する人たちのことをそう呼びます。

その意味では男の子は、そもそも基本的にオタク気質なところがあります。たいていの男の子は、切手収集やミニカー収集など、誰でも子供の頃は何かしらのコレクションをしたり、毎週欠かさずに漫画誌を読み続けたことなどあるものでしょう。

しかし、それを40歳、50歳になっても継続している人は意外に少なく、いつの間にかやめてしまった人が多いと思います。単純に興味がなくなった人もいるかもしれませんし、少し変わった人だと揶揄《やゆ》されるのが嫌だったり、仕事が忙しくてやめてしまったりと、さまざまな理由でオタクを卒業してしまった人は多いと思います。

ただ、一つの分野で世の中を変えていくような突出した人間は、例外なくその道のオタクです。天才エジソンを育てた母親の伝記などを読むと、それがよくわかります。

発明王トーマス・エジソンは、なんでも「なぜ、なぜ？」と聞きたがる学習障害によって、小学校を放校させられてしまいます。そんなエジソンを教育したのが、母のナンシーでした。

ナンシーは調べたがりのエジソンのために、家の地下室を実験室に改造したり、楽品類を買い与えます。また、わからないことがあれば、一緒に図書館に行って調べます。そういう母親の支えもあって、エジソンはまだ小学生の頃から、発明家になるのに必要な知識を身につけることができたと言われています。

僕も子供の頃、放校とまではいきませんでしたが、ちょっと変わった子でした。僕の母は、幼稚園の頃から僕を二科展の先生のところへ毎日通わせて、絵を描かせていたのです。

当時、そんな歳で本格的な純粋絵画を習っている子供なんていませんから、レベルの差は歴然。僕にしてみたら、他の子たちがみなふざけて絵を描いているように見えて、彼らと絵の話をする気にすらなりません。

同年代の子供たちと一番好きな絵の話はできないし、他の子たちが夢中になっている世間話のようなものもあまり得意ではありませんでしたから、自然と変わった子になっていったのだと思います。

しかし、僕は別にそのことをさほど気にしてはいませんでした。いつも母が僕の味方になってくれましたし、僕がする絵の話だって母はちゃんと聞いてくれたからです。そういう意味では、僕の母はエジソンの母とちょっと似ています。

そうやって子供の頃から本格的に絵を習いながら育った僕は、自他ともに認める、飛びぬけて絵がうまい子供でしたから、自分は天才だとは思わないまでも、他の子と比較して圧倒的に自分は「絵が得意なのだ」と思っていたわけです。

これが自信につながったんですね。

絵は水彩、油絵、版画と一通り教えてもらったのですが、10歳のときに手塚治虫さんの『地球大戦』という連載漫画と出合います。これは衝撃的でした。夏休みの1カ月間どこへも遊びに行かず、家に閉じこもって模写したほどですから、今で言えば、立派なオタク少年です。

それをきっかけに漫画に傾倒していった僕の描く絵は、自然と漫画的になっていきます。挙句は、絵画の先生から「お前の絵は漫画だ」と非難されて、油絵がだんだん嫌いになり、結局、しばらくしてやめてしまいます。

結果的に見れば、このとき僕は、油絵ではなく漫画を選んだということになるのでしょうが、将来、漫画家になろうなどとは思ってもいませんでした。ただ純粋に自分が好きなこと、やりたいことを、深く追い求めたいだけだった。

でも、今振り返ってみれば、このときの漫画との出合いや一途な探究心が、漫画家という自分の仕事のルーツにあるのですから、それでよかったわけです。

あなたも、子供の頃、何かに熱中して感じたワクワクするような感覚、思い出せますか？　もう一度、思い出してみて、50歳を機にはじめてみませんか。

何でもいいんです。子供のときにかじったピアノやギターを練習し直してみるでも、鉄道写真をまた撮り始めてみるでも、プラモデルを作るでもいい。かつて「オタク」だった自分を取り戻すことは、今からだってできるはずです。

お金にも人生にもゆとりのできた50代こそ、オタクに戻るチャンスだと思います。好きなことに没頭する楽しみを再び取り戻せれば、それが定年後のあなたの人生を何倍か豊かにしてくれることでしょう。また、趣味を通じてお子さんとの関係だってうまくいくかもしれませんし、損得抜きの付き合いができる同好の士も得られるかもしれません。

今やりたいことは見つからないけど、何かに夢中になって生きがいを見出したいという人は、あまり他人がやらないようなところに目をつけてみるのも面白い。ある町を徹底的に歩いて自分だけの地図を作ってしまうとか、ニッチな趣味でも、自分が面白がって極めていけば、そのうちきっと認めてくれる人が現れますから。

エジソンは、生涯に約1300もの発明をしています。代表的なものは蓄音機、白熱電球、活動写真など、どれも世の中のあり方を変えてしまったすごい発明ですが、エジソンは天才というより「不屈の努力家」だったようです。

なぜなら、エジソンは誰にも教わらず、独学ですべての知識を学んだからです。小学校を放校されてから数年後、新聞の売り子をしながら手にしたお金で道具を買い、図書館で科学雑誌を読破し、自宅で実験を繰り返したというのですから、今で言えば、完全な「オタク」でしょう。

このエジソンの生涯の友が、自動車オタクだったヘンリー・フォードだったというのも面白い。フォードが発明したばかりのガソリンで動く自動車の話をしたとき、エジソンはテーブルを叩いて喜び、フォードを激励したというエピソードが残されています。まさに「オタク」同士の至福の時間だったでしょうね。

50歳を機に、どうせオタクに戻るなら同好の士を得るまでやる、と、そこまで徹底できたら、きっと残りの人生は楽しいものになると思いますよ。

企業のトップを目指すなら、本物の「ジジ殺し」になれ

ここまでは、どちらかと言えば、今いる会社ではあまり将来の展望が開けないと思っている方を対象に、50歳からの「生き方」を僕の経験から説いてきましたが、すべてのサラリーマンが出世を諦めているわけではありません。

ここでは、とても限られた一部のサラリーマンの話になりますが、現在の路線を継続しつつ、出世の頂点を目指す人に焦点をあてて、話をしましょう。

実は、僕は仕事柄、たくさんの企業エリートと接してきましたし、それぞれの方の出世哲学をお聞きして、「島耕作シリーズ」に生かしてきました。ですから、企業のトップを目指すあなたにも、少しはアドバイスができるのです。

経団連や経済同友会などの度重なる取材を通してわかったことは、もし、あなたが企業のトップを目指すのであれば、50歳からの人脈形成が勝負となるということです。

トップを目指すには、目上の人に認められなければならない。それも、業績や実績よ

りも人間性で勝負する。

50歳からのさらなる出世を望むなら、これが鉄則だと思ってください。つまり、あなたの人間性をフルに発揮して、経営陣、上層部との人脈を形成するということです。

だから、先ほど僕が言った「友だちを減らせ」「人付き合いを減らせ」という提案は、この場合にはまったく当てはまりません。

先に紹介した55歳でサントリーの新社長になった新浪剛史さんがまだローソンの会長だった時に、彼は、僕にこう断言したことをいまでもよく覚えています。

「弘兼さん、サラリーマンがトップまで出世しようと思うなら、はるか目上の方に引き立てられること、それが何より大切なことですよ」

自分の会社のトップばかりではなく、それ以上のはるか目上の人、つまり、経団連や経済同友会の幹部や、他企業の社長クラスから引き立てられることが大切だと言い、結局、それを、新浪さんは有言実行したのです。

あの当時、僕は彼の人を惹《ひ》きつける素敵な人柄を知った上でこうした言葉を聞きましたから、この人はやはりトップに立つ人だと思いました。

だって、そうでしょう。はるか目上の人に引き立てられるためには、そういう人が集まる場に頻繁に顔を出すだけでなく、好かれなければなりませんからね。

普通、マスコミに注目されている会社の若手社長が経団連のような財界に入ると、嫉妬やら何やらが混ざって、「生意気なヤツだ」と、重鎮たちから排除される方向に向かってしまうということが多々あるのだそうですが、新浪さんは大先輩の面々を恐れずに、相手の懐に飛び込んで好かれる努力をしたようです。

たしかに彼は、相手の懐に飛び込んでいけるだけの、天性の素直さを持っています。若々しい精神とさわやかな笑顔、そして、誰にも好かれる性格と知性とユーモアあふれる会話。

トップまで昇り詰める人間というのは、この天性を持っている人なのです。

懐に入るということは、決して媚《こび》を売ることではありません。むしろ、彼は言いたいことをズバズバ言ったんだそうです。

ですから、新浪さんには、いやらしい意味での上昇志向はまったくない。逆に新浪さんは、良い意味での「ジジ殺し」だと思います。

「ジジ殺し」というと、「目上に媚を売る」の言い換えだと勘違いしている人がよくいますが、それは安っぽい偽物のそれであって、本物のジジ殺しはまったく違います。

本物は媚を売るのではなく、自分より長く生きてきた目上の人の豊富な経験を聞いてみたい、そういう人に自分の考えをぶつけて、どういう言葉が返ってくるかを聞いてみたい、という素直な志向を持っている人、そして、その真っすぐな思いが響いて相手の心を動かせるような人のことです。

つまり、目上の人に目をかけられて出世したいという意味での上昇志向ではなく、目上の人と接することで自分が成長したいという素直な成長欲を持っている人。これが本物の「ジジ殺し」です。相手が大物になればなるほど、媚を売るだけの偽者などすぐに見破られて、かえって煙たがられるだけでしょう。

「彼は、話していて面白い。何か大きな仕事をやらせてみたい」

はるか目上の人に、そう思わせる何かが新浪さんにあったに違いありません。

これは経済界を取材していてよくわかったことですが、いわゆる「上昇志向」を社長になる人が必ず持っているかといえば、そうでもありません。

実際、僕の大学時代の友人で社長や会長になった人が何人もいますが、彼らもまた、最初から社長を目指してシャカリキになって頑張ってきたわけではない。気がついたら、周りから押し上げられて社長になっていたという人が多いのです。

「島耕作」も出世欲のない人間ですから、社長になろうと考えたことはありません。漫画の主人公とはいえ、作品になった以上独り歩きを始めますから、僕が社長にしたのではなく、島耕作という人物の持っているものが、そのようなストーリーを僕に描かせたと言うほうが正解です。

ですから、トップを目指す人に欠かせないものは、出世欲や上昇志向よりも良好な人間関係を築ける、誰にでも好かれるような天性ということになるのかもしれません。

よく、こんなことを言われませんか。

自分からリーダーになりたがる人ほど、人はリーダーにさせたくない。

リーダーになってほしいと思う人は、リーダーになろうとしない。

きっと、それが、「人望」と言われるものの正体なのだと思います。

周りから推《お》される人間というのは、そういう天性をもっていて、さらに努力をした人たちなのです。

　ですから、50歳から企業のトップを目指すという「生き方」があるとすれば、それは先輩たちと素直にコミュニケーションする関係が築けるかどうか、自社他社問わず、目上の人に可愛いがられるかどうかに、すべてがかかっていると言っていいでしょう。

第三章

今、すべきこと

叶わない夢は持たない

さあ、50歳からの「生き方」が決まったでしょうか。

決まったら、すぐにその「生き方」に沿った計画を立てなければなりません。転身を決意したら、いつ実行するのか、そのためには何を準備したらいいのか。起業を決意したら、資金計画からはじめなければならないでしょう。

「オタク」を目指すことに決めた人もいれば、企業のトップを目指そうと改めて強く思った人もいるかもしれません。

「ローリスク・ローリターン」を志向し、定年まで会社にいることを選択した人がたくさんいたとしても、それは堅実に幸せな老後を生きる道を選んだということですから、卑下する必要などまったくありません。

しかし、どの「生き方」を選ぶにしても、50歳で立てる計画は、現実的でなければなりません。

たとえ、それが若い頃からの夢であっても、これから立案し、それに沿って実行する50代からの人生計画には、実現性がないものを入れてはいけない。「こうなればいい」などという希望的観測すらも許されません。

そのくらい確実な実現性が求められるのです。

昨今、ものづくりの分野で話題となった「世界に羽ばたく町工場」などは、夢のあるとてもいい話だと思います。業績不振にあえぐ日本の製造業を生き返らせるカンフル剤となる可能性を秘めているかもしれません。

しかし、それ以前に、他には真似のできない素晴らしい技術を持っている小さな工場が日本にはたくさんあるのに、実際に世界で認められているところはほんの一握りに過ぎず、その多くは厳しい経営状態が長く続いて、事業継続困難な状態にあることが問題です。

素晴らしい技術があるのに、夢が叶わずに終わってしまう工場や会社が多いのは、なぜでしょうか。

それは、厳しい言い方になりますが、経営者にロマンがありすぎて、会社の経済状況や実力を客観的、現実的にとらえる目が不足していることに最大の原因があるように思えます。

50歳からの「生き方」も、同じです。

サラリーマンの場合、50歳ともなれば、通常は課長だの次長だの部長だのといったポジションを得て、何人かの部下を抱えていることでしょう。しかし、会社を辞めて何か新しい一歩を踏み出したら、そんな肩書きは何の役にも立たないということです。

会社での肩書きを自分の実力だと勘違いしている人がよくいますが、まずはそうした錯覚が不必要なロマンを生み、失敗のもと、大ケガのもとになることを認識したほうがいいでしょう。

前章で例に挙げた僕の後輩の漫画家たちも、子供の頃からの夢を叶えるために漫画家に転身したのではありません。そうしなければ、食えなかったからです。このままでは、借金が返せない、野垂れ死にだけはしたくない。そういう思いでした必死な努力が、漫画家への転身を可能にしたのだと思います。

僕自身もそうですが、自分の漫画を通して、読者に何かメッセージを送りたい、世の中に大きな影響力を及ぼしたいなどという、大それたロマンなどそもそも持ち合わせていません。自分が面白いだろうと描いたものを読んでもらいたい、ただそれだけのことです。

結果的に、描いた漫画が世の中に影響を及ぼすことはあるかもしれません。ただ、それを目指して描いているわけではない。自分の持っている才能を生かし、自分が面白いと思うもの、そして世間の多くの人たちもたぶん面白いと思ってくれるだろうものを描く。

その結果、読者が付いてお金が付いてくれれば、また好きな漫画を描ける。そうならなければ続けられない。それが漫画家の現実なのです。

では、具体的に、実現可能な計画はどう立てたらいいのでしょうか。

僕は最近、『夢は9割叶わない。』（ダイヤモンド社）という本を出しましたが、その中でも、「世の中は不公平だという現実を直視しろ」と語りました。

これもまた、大切な教訓です。

50歳にもなれば、人間はみな得意不得意があり、能力の差があって当たり前だということは身を持って経験済みのはずです。

「あいつには、何をやっても敵わない」という同僚や後輩がいるでしょう。「天は二物を与えず」と言いますが、持っている人は二物も三物も持っていますよね。イケメンでハーバードを出てて、仕事もできて、スポーツマンで、社長の息子なんていう後輩が平気で隣の席にいたりするのが、サラリーマンの世界です。

「それに比べて、この俺は……」

そのとき、はじめて世の中は不公平だということを知ったりするわけですが、これは本来、子供の頃からしっかりと自覚すべきことだと思うのです。

同じクラスには、駆けっこの早い奴もいれば、絵のうまい奴もいる。歌の上手な子もいれば、勉強が飛びぬけてできる子もいる。

毎日車で送り迎えの生まれつき金持ちの子の家に遊びに行くと、広い庭があって、お母さんが飛び抜けてきれいで、「どうして、うちは……」なんて、親を恨んだりしたことはありませんでしたか。

でも、だからいいのだと僕は思いますよ。

生まれつき不公平でも、優秀な人材というのは、むしろ恵まれない環境を力に変えて出てくるものです。そうした人間にチャンスをくれる社会さえあれば、むしろ平等なスタートを切るよりも、さまざまな分野で優秀な人材はどんどん出てくるのではないかと思います。

今は平等を叫ぶ社会なので、こんなことを言うとヒンシュクを買いますが、あえて言うと、本来、人間社会には、物事に順位をつけて優劣をはっきりさせることは必要なことなのです。

他人より才能があったら、それを武器に生きる。

僕は他人より絵がうまく描けたので、20代からそれを武器に生きてきたわけですが、50代のサラリーマンであるあなたは、どうでしょうか。

50代の人間は状況が違います。もう子供でも青年でもありません。「こうしたい」「こうなればいい」などと思っても、時間がありません。

ですから、まず、「なりたいと思っても、なれないものはなれない」と悟るのが50代ではないでしょうか。

今から、育ちがよくなるわけもありませんし、頭がよくなるわけもありません。今までできなかったことは、これからも基本的にはできないのです。まして、よほどのことがないかぎり、あなたの隠れた才能が突如として開花することもない。

ということは、50歳からの生き方は、「なりたいと思ってもなれない」ことはさっさと捨てて、自分の能力相応の計画を立案すべきだということです。

そういう意味では「叶わない夢」を計画に入れるよりも、手を伸ばせば届くかもしれない「目標」という言葉を使ったほうが現実的になるのかもしれません。

それよりも、まず「叶わない夢は持たない」とまわりに宣言する。それが、50歳になったら最初にすべきことでしょう。

目標にタイムリミットを設定する

「叶わない夢は持たない」と断言しましたが、では、「叶う夢」は持っていいのかということになりますね。

その前に、「叶う夢」と、まったく「叶わない夢」は、いったいどこで判断したらいいのでしょうか。

あなたがロマンチストであれば、まだ「夢を持ち続ければ、もしかしたらいつか、叶うかもしれないじゃないか」と思っているかもしれません。

でも、50歳になったら、「いつか」では困る。

僕が言いたいのは、そのことです。

「もうすぐ、夢が叶うかもしれない」、「そこまで来ている」。「いや、死ぬまで叶わないかもしれないが、それでもいい」などと少年少女のようなことを50歳になったら言っていてはいけません。

現実主義者の僕は、50歳どころか、若い頃からずっと何に関しても、まず一応の期限を決めて行動してきました。「いつか必ず」とか、「いつの日か夢を叶える」なんていうきれいごとより、現実のほうを大切にしたのです。

25歳で会社を辞めて漫画家を志したときも、「もし30歳になるまでに一度も自分の作品が雑誌に掲載されなかったら、きっぱり諦めて別の道に進もう」と、「夢の期限」を考えていました。諦めがいいのではなく、何事に関しても冷静だったのです。

退社した翌年、運良く『風薫る』という作品が小学館の漫画雑誌『ビッグコミック』に発表されることになって、漫画家デビューが実現。これによって、とても順調なスタートを切ることができました。

運良くとは言いましたが、今から思えば、けっこう計画的に動いていたような気もします。

松下電器に入社当時は、さすがに漫画家になろうとは思っていませんでしたが、変な意味でなく出世はしたかった。

なぜかというと、出世していけば人に使われるだけでなく、仕事を自分がオペレートできる。それが会社に入って仕事をする醍醐味なんじゃないかと思ったわけです。新入社員にしては、かなり冷静な判断ですよね。

僕は宣伝部にいましたから、自分がオペレートした広告がテレビを通じて全国に流れます。その結果、商品が売れれば、それは気持ちのいいもので、「あれは俺がやったんだ」という満足感がありました。

企画とかキャンペーンとか、当時の僕はその方向をしばらく目指していたので、自分の仕事をより大きく広げたいがために、いろいろな人たちと付き合いました。そういう計画も入社当時から立てていたような気がします。

外注で付き合ったデザイン会社の人たちの中には漫画家志望の人も多くて、彼らは仕事が終わってから、夜もろくに寝ずに自分の夢のために頑張っていました。

その一方、自分は大企業の座布団の上で胡坐《あぐら》をかいて、新入社員のくせに、ああだ、こうだと指示なんて出して、のうのうと生きている。「こんな人生を送っていたら、ダメだな」。あるとき、はたと気づきました。

そして僕は、漫画家を目指して、あっさりと会社を辞める決心をしたのです。

少し前までサラリーマンとして出世しようと思っていた男が、突如として漫画家への転身です。当時の僕は、まだコマを切って漫画を描いたこともなかったし、練習すらしていない状況でしたが、とにかくまずは退職ありきでした。

こうなると、昨日まで籍を置いていた会社の看板なんて何の役にも立ちません。とにかく漫画を描いて認められ、売れるしかありません。

夢は持ちませんでしたが、目標はありました。

最初の目標は、「3年後に会社にいた頃の給料より稼ぐ」です。

幸いなことに失業保険を半年もらって、その後には、あっと言う間に、給料の3倍くらいの月収になりました。

これで、30歳までに作品を掲載させるという目標と、サラリーマン時代よりお金を稼ぐという目標は運良く達成できました。

その後は、夢を考えている暇もなく、明日の〆切の連続。気がついたら30年が過ぎ去っていました。

何かを諦めることは、始めることより大変だと思います。

だからこそ、夢へのタイムリミットを自分で設定して、そのギリギリまで迷わず必死に頑張るのです。そして、残念ながらリミットまでに叶わなかった場合は、いさぎよく諦める。

たとえば、50歳のあなたが漫画家に転身したいなら、サラリーマンを続けながら、53歳まで漫画賞に応募し続ける。それで箸にも棒にもかからなかったら、漫画家への転身は諦める。

起業したいなら、会社にいるときから綿密な計画を練って、55歳までに資金調達のめどと成功への道筋がついたら退社する、それができなかったら諦めるといった、タイムリミットを設定することから始めるといいでしょう。

繰り返しますが、「夢よりも目先の確実な目標」。

その計画のスタートが、今なのです。

「これだけは他人に負けない」ものを持つ

このように、50歳になったあなたには、考えるべきこと、実行すべきことはたくさんあります。

そうしたなかで、「これだけは誰にも負けない」というものを持つこともまた、これからの人生を考えたときに必要ではないでしょうか。

「世の中、不公平だ」ということを書きましたよね。「天は優れた人には、二物も三物も与える」とも書きました。

では、あなたには、「これだけは誰にも負けない」というものがあるでしょうか?

たとえば、何千人という社員がいるなかで、ゴルフが一番うまいでもいい。必ず何かのときに役に立ちます。

思わぬところで、「君はゴルフが上手なんだってねえ。一度、教えてくれないか」と冗談半分に役員に声をかけられたりするのも、50歳からの人生で大きなプラスです。『釣りバカ日誌』のハマちゃんのように、釣りが上手なために、社長と友だちになれるというのも、決して漫画の世界だからとばかりは言えないでしょう。

どの世界でも意外と役に立つのが、グルメです。

どこが安くておいしいとか、個室があって融通が利くのがどことか、外国からのお客さんを喜ばせたいなら○○とか、そうした情報を他人の何十倍も握り、情報通ぶりが知られるように仕向ければ、きっと社内から希望や質問が殺到するでしょう。

もちろん、人脈も大きな武器です。

これまで、仕事関係以外で親しくしている人のなかに、きっと特別な才能を持った人がいるかもしれません。歌舞伎役者、落語家、俳優、歌手、力士、アナウンサー、医者、弁護士、料理研究家、パイロット、刑事、僧侶、神主、そして漫画家……。あなたがこうした人たちと仕事以外で親しい関係を築いていたとすれば、それも立派な「誰にも負けない」です。

ここで大事なことは、こうした人脈が仕事以外で作られたものだからこそ、役に立つんですね。

ここで、人脈に関する僕なりの心得を書いておきましょう。

僕は、人脈は財産だと思っています。

人脈が広ければ広いほど、それだけ世界は広がりますし、自分の中の引き出しが豊かになるからです。

ここで心しておかなくてはならないのが、人脈を利用することです。

つまり、人とのつながりをツール（道具）と考えてはいけないということです。

いい人脈、特にそれが社外で作られた人間関係であるほど、信頼や情報といった無形の財産が積み上がっていきます。決して、何かをやり取りするためのものではない目に見えない財産です。

しかしそこは人間……。ときにはどうしても、その人脈に頼らなくてはいけないケースもあることでしょう。

それは僕も否定はしません。

おそらく誰でも経験があるとは思いますが、直接的な利害関係のない友人に頼みごとをされれば、なかなか「ＮＯ」とは言えないものです。

そこは肝に銘じておいてください。

それでもどうしても何かを頼まざるを得ない状況が生じたとき、そのときには是非、頼んだものに倍するものを返すくらいの覚悟を持ってください。

それくらいの覚悟があれば、相手も決して、あなたが単に人脈を利用するタイプの人間だとは断じないでしょうし、それはそれで別の形の信頼を産むことだってあり得ます。

繰り返しになりますが、人脈は何かのときに便利に使えるものではありません。財産です。

安易に利用することは、相手にとっても迷惑以外の何物でもありません。

お互いにとっての仕事が広がり、様々な無形の財産が蓄積されていくウィンウィン（Ｗｉｎ・Ｗｉｎ）な関係こそが、本当の意味での人脈活用であり、それこそ「これだけは他人に負けない」ものとして誇ってもらいたいものです。

自信につながる「拠りどころ」を持つ

そう言われてみると、僕も、子供の頃から絵に関しては、周りから一目置かれてはいましたから、それが自信のようなものになっていた気がします。

「弘兼君は、本当に絵が上手ね」と自分が思いを寄せている女生徒から言われたら、誰だってうれしいでしょう。

そのせいで学生時代から、絵なら人に負けないという精神的な余裕があったのかもしれません。この自信は、のちの僕の人生を支えてくれました。

しかし、いざプロの漫画家になったら、「絵がうまい」は当たり前です。絵がうまくてアイデアもいっぱい持っているという人もたくさんいます。

さて、どうするか。

僕は、「漫画の構成はきっと俺が一番上手いな」と思ってやっていました。いや、というより、無理やりにでも「ここは他人に負けないぞ」という自信を持っていないと、生きていけなかったのかもしれません。

僕は嫉妬もしません。人付き合いは、嫉妬心があることでうまくいかなくなるものなのです。

何でもいいから自分自身に対する自信やプライドを一つ持っていれば、他人のことが気にならなくなるのかもしれませんね。

もちろん、人に負けていることもたくさんありますよ。

頭も人並みだし、歌も下手だし、走るのも遅いしというのがいっぱいあって、それでも、「ま、俺はあいつより漫画が上手く描けるからいいか」とどこかで思っているんでしょうね。

何か一つだけ、人より自信のあるものを作っておけば、そこを拠《よ》りどころに生きることができます。

人と衝突しても「ま、考え方は人それぞれ」と達観し、壁にぶつかっても「ま、いいか」と割り切って乗り越えてこられたのは、僕にも一つだけ「拠りどころ」があったからだと思います。

50歳になったら、特定分野の知識や技術など何でもいいから、これだけは人に負けないぞという、自分の中で大切にできるものがあれば、それがプライドとなって、50代を生き抜いていく自信にも繋《つな》がるはずです。

もちろん、他人と比べる必要もなければ、人に触れまわる必要もありません。でも、誰にも負けない自信を何か一つ持っていれば、「他人がどうであろうと、自分は自分でいいじゃないか」と思えるからです。

自信を持つことで考え方に余裕ができると、何があってもたじろがず、後ろを振り返らずに「ま、いいか」と許容できるようになります。もしも辛い状況に追い込まれたら「それがどうした」と開き直ることもできる。それが持つべき「拠りどころ」というものです。

太陽を思い切り振り仰げ。そうすれば、自分の影をみないだろう。

そんな言葉をどこかで読みました。

50歳からの人生で大事なことは、まっすぐ天を振り仰げる自信を持つことです。

僕は若い時から、自分が老齢になったら、人と比べることをせず、無駄な競争もせず、「逆らわず、いつもにこにこ、従わず」で生きようと思ってきました。百と八つの煩悩を持つ人間ですから達観することはなかなか難しそうに思えますが、実は、そうでもない。意外に簡単ですよ。

50歳。何を言われても落ち込んだり怒ったりしない。にこにこと許すことが、なんの苦にもならない。

そんな年になったと思えるのも、何か一つ他人にこれだけは負けないというものを持っている人の余裕なのです。

60歳は新入社員

企業のトップを目指す場合の話で、目上の人に好かれることが大切だと書きましたが、年寄りに好かれるという天性を持っている特別な人間でなくても、誰にでもできる方法があります。

それは、目上の人に、頭の良さを見せるのではなく、「いい奴」をアピールすることです。

たとえば、上司が部下を見たときに、どういう人間が「いい奴」なのかというと、「人当たりがいい」「見た目がいい奴」で、そう評価する基準になるものは、当たり前のことなのですが「笑顔」「明るさ」なのです。

僕はサラリーマン時代、できるだけ同期ではなく、年齢の違う人たちとお酒を飲むよう心がけていました。

同期の奴らと会社の帰りに居酒屋に行って話をしても、うちの課長や係長がどうだとか、だいたいが愚痴みたいなものです。結局、そういうことを皆で言い合ってプラスになることは何もありません。だから、そういう付き合いはそこそこにしていました。

その当時、社内で皆から嫌われていた部長がいたのですが、若くして部長になるということは何かあるのだろうと気になり、他の人は遠ざけていましたが、僕は逆に接近していきました。

社食でその部長がポツンと昼食をとっていると、「ここ、いいですか？」と隣の席を陣取って「新入社員のころ、部長はどのように考えておられましたか？」などと明るく話しかけるのです。

最初は部長も「何だ？」と怪訝《けげん》そうな顔をされていましたが、そのうちポツポツと答えてくれるようになりました。電車が同じ方向だったので、見つけたらまた横に立って、つり革を持ちながらいろいろなことを話すのです。

そうするうちに、その部長は段々胸襟《きょうきん》を開いてくれて、言ってみればヒイキにしてくれるようになったわけです。会議などで妙な発言をし、こっぴどく怒られてへこんだこともありましたが、次の日は笑顔で「昨日は申し訳ありませんでした」と謝りながら、また近づいていく。

そのうち、「ちょっと大事な人との会合があるんだけど、お前、かばん持ちで来るか」と言われ、大阪は宗右衛門《そえもん》町の料亭街に行きました。課長を飛び越えての指名なので、課長は面白くなかったと思います。

ついて行ったら行ったで、新入社員ですから、タクシーの乗り方も知らずに自分から先に乗って怒られたり、料亭の席で床の間の奥の席に座って怒られたり。そういう常識なども学ばせてもらいながら、北新地のクラブやバーにも連れていってもらいました。自分の知らない世界が突然目の前に広がったのです。

会社に3年程しかいなかったのに、『島耕作』で会社組織の上層部のことが描けるのは、その部長のおかげです。部長や取締役、あるいは他の会社のお偉いさんなど、そのクラスの人たちがどういう会合をするのか、どんな雰囲気で話を交わしているのか、そんなことのすべてが新鮮で面白かったですね。

それは、もう同期の連中と上司の悪口を言っているより、はるかに魅力的なわけです。だから僕の場合も、もっとそういう世界を知りたいと思い、目上の人に対して「いい奴」

をアピールしていたように思います。

実は、この「いい奴」になるということが、若い時よりも、むしろ、50歳になってから大切なのです。50代で新社長に抜擢された人たちは、その実力もさることながら、目上の人たちから見ると、とても「いい奴」なのです。

「弘兼さんよ、あなたはそうしたかもしれないけど、俺は今さら、いい奴になれだなんて、できっこないよ」

「人に好かれていい子になれって言うのかい。無理、無理」

「『いい人やめたら楽になる』って本が売れたじゃないか」

などと皆さんが猛反発する声も聞こえてきますが、50歳になったからこそ、逆に「いい奴」になってほしいと僕は思うのです。

なぜ、嫌がるあなたに、僕がそんなことをこの場で言うかというと、50歳から「いい奴」になるということは、実は、先にもふれた「ジジ殺し」になるのと同じことだからです。

この「ジジ殺し」が侮《あなど》れない。

先ほどふれたのは、企業のトップを目指すための「ジジ殺し」でしたが、この場合は、単純に目上の人に好かれる、広い意味での「ジジ殺し」です。

ジジ殺しは、会社においては上司のお引き立てをいただいて、思わぬ出世というご褒《ほう》美《び》につながることもあるかもしれません。しかし、普通のサラリーマンにとってもっと大事なことは、今から「いい奴」になれれば、定年後をうまく生きられるということです。

定年になって、肩書きのない一個人に戻った時、あなたはどこに行っても「新参者」です。たとえ、あなたが昨日まで部長という肩書きで呼ばれ、部下をアゴで使っていたとしても、会社という枠をはずれたら、あなたはただの初期高齢者にすぎないのです。

名刺を取り上げられた自分の姿を想像してみてください。

会社に行けないのですから、まわりは見知らぬ人ばかり。隣のご主人も、町内会長も、民生委員も知らない。

「だからと言って、俺は地域の高齢者のコミュニティなんか関係ないよ」

「そうですか、じゃあ、こっちもそんな人、関係ないですから」

地域社会というところは、実は、残酷なところで、あなたが無視すればするほど、相手もあなたを無視します。しかも、昨今の地域社会は完全な高齢化社会。60歳なんて、ぺーぺーの新入社員と同じです。挨拶も満足にできないような新入社員を誰が相手にしてくれますか。

そうなれば、最低限必要な友だちもできませんから、ぶつぶつと独り言を言いながら過ごす孤独な老後が待っているだけです。

「○○さんのところのご主人、変わっているから」などと変人扱いされるのが、15年から20年も続くのです。それでもいいと言うのなら、何も言いません。

意地を張らないで、定年になるまでもなく、地域社会にすぐに馴染んで、楽しい晩年を過ごしませんか。そのためには、謙虚な態度で、目上に好かれる「いい奴」になることが、地域の「ジジ殺し」に繋がるのです。

歳をとっても突っ張っていたい人の気持ちもわかりますが、今から「いい奴」に変身しておかないと、60歳からそうなろうとしたって、もっと無理ですからね。

ボランティア参加で「肩書き抜きの人間関係」を学ぶ

サラリーマンが、長年働いてきた会社という組織を離れて生きていくのは、想像以上に大変なことです。

連載中の『会長 島耕作』では財界の話を描いているのですが、ああいう経済団体の人たちというのは、会社でトップを極めた、何万人に一人の成功者。言ってみれば超成功者です。そんな立派な人物が集まっているのにもかかわらず、財界というところは、嫉妬が渦巻く世界なのです。

男という生き物は、基本的に知らない世界の人とは簡単に打ち解けることができない、何でも人と比べたり、ライバル視したりする傾向のある生き物だということを象徴していますね。

また、一般に、男には女と違って井戸端会議が苦手で、歳の離れた人たちと気軽に話せないという一面もあります。女性とは違う変なプライドであったり、見栄だったり、嫉妬だったりというものが根底にあるのだと思います。

しかし、転身を考えて、慣れ親しんだ会社から出て他の組織なり人の輪に入ってやっていこうと思えば、そういう複雑な感情が渦巻く中で、新たな人間関係を築くことになります。

将来のそういう状況に備えるためにおすすめなのが、「50歳から始めるボランティア」です。

ボランティア活動にはいろんなものがありますが、どんなボランティアであれ、最初はきっとその人間関係で悩むことになるのではないでしょうか。

ボランティアの世界は、基本的には報酬は求めず、人や社会に奉仕するという世界で、ビジネスの場とは根本的に違います。

違う分野で生計を立てている人が集まって、それぞれの仕事とは違うことを一緒になってやる世界。ですから、ボランティア活動に参加しようとするならば、どうやったら自分がお役に立てるのか、皆と一緒になってうまくやるにはどうするか、といろいろ考えて工夫しなければなりません。

実は、それが面倒だという人こそ、ボランティアに参加すべきなのです。定年後に備えて、そういうことを学ぶのがボランティアの場だと、最初から目的意識を持って臨めば、非常に有意義な場として活用できるはずだからです。

生活の場が異なる人たちが集まるという意味では、ボランティアに限らず、老人ホーム、町内会やマンションの管理組合なども同様でしょう。

そうした場では、地方議員や医者、学校の教師あるいは大工さん、青果商、タクシーの運転手など、元々の職業が全く違う人たちが同じ土俵に立ちます。ですから、そこでは、自分がそれまでやってきた仕事、たとえばニューヨーク支店長を経験したとか、そういうプライドのようなものは全部捨てなくてはいけません。

「いやぁ、僕がニューヨークに居た頃はね」なんて話をすると、不快に思う人もいるということですが、とかく男には、そういうことを話したくて仕方がない人が多い。

だからスノッブな会があるわけで、名門ゴルフ場の会員などは、まさにそういう人たちのサロンと化しています。皆そこそこの立場だった人たちが、70~80歳になってゴルフもしないのに、ゴルフ場に行っては珈琲を飲み、新聞を読んで帰るという人もたくさんいます。

そんな人たちが、他人に奉仕できますか。「俺が、俺が」は、ボランティア活動とは正反対の感覚です。だから言ってみれば、男がボランティアなどの共同作業をすることは基本的に難しいのです。

ボランティアは、いろいろなタイプの人間と同じ方向に向かって仕事をします。指示系統がはっきりしているものばかりではなく、各々が自主的に物事を進めることも多い。

「こうしたらどうですか？」

「いや、それはダメだ。方向が違う。そもそもボランティアというものは……」

「おや、僕は、お二人とも意見が違うのですが……」

こうなると、まさに「船頭多くして船、山に登る」。意見の合わない人がお互いの主張を譲らなかったら当然いさかいが起き、面倒くさいことにもなります。そのくせ、意見や理屈だけ言って、動きが鈍い男が多かったりもするのです。

ハローワークの窓口で「ところで、あなたは何ができますか？」と訊《き》かれ、「部長ならできます」と答えた人がいた、というのはよく語られる笑い話ですが、気がつかないだけで、これを笑えないような男性は意外に多いものです。

だからこそ、肩書きの通用しないボランティアの世界は、サラリーマンが会社以外での社会性を学ぶには恰好の場となるのです。50代になったら、ぜひ、早めに体験してみることをおすすめします。

どうしたら、ボランティアになれるか、ですか？

今ではネット上に、ボランティア探しのための情報サイトも溢れていますから、ボランティア探し自体は難しくはありません。ただ、町の清掃のようなものから被災地に出向いての人助けまで、あまりにも数が多くて範囲も広いので、どれにしようか迷ってしまいます。

最初はやはり、ある程度様子がわかっている身近な地元でできるものを選ぶのがいいでしょう。自分の町にある道路、川や橋の清掃でもいいし、近所の一人暮らしの老人の世話をするのも立派なボランティアです。

それに、地元であれば、そこで知り合った人たちとの交流も容易です。気が合う人がいたら食事に誘ったりして交流を深めていけば、定年後に近所の友人が一人もいない孤独を味わうこともありませんし。

　地元限定のボランティア探しなら、地区センターに行くと、さまざまな募集のお知らせが出ています。また、地域の役所の生涯学習課には、いろいろな講座もありますから、土日開講のものだけでも受講してみるのは、友だちもできるし、一石二鳥です。

　ただし、当たり前の話ですが、ボランティアの場は、共通の利益を目的とする職場ではありませんから、年齢に関係なく皆平等だということを忘れないでください。ある仕事をするわけですから、そこには能力差のようなものも当然見えてくるわけですが、だからと言って、仕事ができない人を見下して陰口を叩いたり、偉そうな態度をとることなど言語道断。

　他人のため地域のために、それぞれができる範囲で無償奉仕し、そのことを通じ、定年後に備えて自分の心や人生を豊かにする。ボランティアに参加する目的をはっきり自覚していれば、そんなことになるはずはありませんね。

人に任せて7割できたら良しとする

50歳になったら、何をやったらいいのか、ということを書き続けていますが、では、サラリーマンの毎日の仕事に関しては、どうしたらいいのでしょうか。

僕は、50歳という年齢は、自分で仕事をガンガンこなして会社を儲けさせるというより、会社を支える次世代の人間を育てる時期ではないかと思います。いくら責任感が強いからと言って、一人で仕事を抱え込んでしまうような人は、サラリーマン社会においてはかなりの減点の対象になります。

あなたがもしそういう人なら、これ以上の出世は望めないでしょう。なぜなら、完璧主義で常に100%の結果を望むかぎり、あなたを支えてくれる優秀な部下は育たないからです。

もちろん、完璧主義は人間として、決して悪いことではありません。人間国宝となるような芸術家は、そうでなければ納得のいくものが作れないでしょう。僕もどちらかといえば、人に任せたくない性格なので、今でも背景以外は自分で描いています。

しかし、普通の仕事をしているサラリーマンの場合、仕事の効率を上げるため、また、会社の将来のためには分業しなければなりませんし、仕事をある部分任せなかったら、部下は育ちませんし、ついてもきません。それ以前に、どんなにベテランであっても一人でこなせる仕事は知れていますから、仕事量が増えればオーバーフローしてしまいます。

50歳まで仕事をしてきたサラリーマンで、それまで部下が一人もいなかったという人はあまりいないと思います。仕事の分野は違っても、部下との接し方や人間関係の作り方は、誰もが経験してきたことでしょう。

50代の人間が、20代30代の若い人間と仕事をするときに、一番意識するのは年齢差による感性の違いではないでしょうか。

あなたがこのまま継続して会社で仕事を続ける場合でも、50歳になったのを機に、転身を図って新たな人間関係を構築する場合でも、必ずや、自分の子供と同じような年齢、感性の部下と付き合うことになります。

子供とどう接したらいいのかわからない親が多いのと同様に、部下とどう接したらいいのかという問題を抱えている上司も多いのです。

ですから、いい部下を育てる。

これが、50歳になったあなたがやるべきことなのです。

優秀な部下を育てるにはどうしたらいいか。連合艦隊司令長官、山本五十六はこう言っていますよね。

やってみせ　言ってきかせて　させてみて
ほめてやらねば　人は育たじ

70年以上前の言葉ですから、かなり古い教訓のように思えますが、なんだか現代を見据えたように思えませんか。

若い部下は、まず評価してあげることです。いいところをほめてあげる。

大切なのは、相手によって言い方を変えるというキメの細かい優しさ。そのためには人間観察をしっかりして、それぞれの人間の長所短所をわかってあげること。人間は10人いれば10人、みな考え方や理解力や能力が違うわけですから、その人間に合った話し方を知る努力が必要なのです。

まずは自分が手本を示すことはもちろん大切ですが、部下に仕事を任せたら、決して100%を求めないこと。

「人に任せたら7割で良しとする」度量を持つ。その中でいいところを見つけてあげるのです。

50歳。「昔の俺と同じだ」というような若い部下がいたら、ぜひ、残りの人生を賭けて、人を育てるというのも立派な仕事だと僕は思いますよ。

過去の「肩書き」を捨てて生きられますか？

こうやって、僕も自分の50歳になったときを振り返りながら、「やるべきこと」を書き出してみると、やりたくてもできなかったことのほうを、つい、思い出してしまいます。

そして、なぜ、あのときにできなかったのか考えると、その原因は「そんなこと、できるか！」という要らぬプライドだったような気がして、今でも気恥ずかしい思いに襲われます。

たしかに、男は、自分が仕事で培《つちか》ってきたもの、誇ってきたものを、なかなか捨てられない傾向にあります。仕事一筋で生きてきて、仕事こそが自分の歴史だと感じている人も多いでしょう。もちろん、そうした過去に誇りを持つことは当然のことです。

でも、新たな集団の中で生きていくことになったら、過去のプライドや肩書きは捨ててしまったほうがいいのです。

逆に言えば、「あの人、自分では何も言わないけれど、ちょっと前まで偉い人だったんだね」とか、「あの人、バカばっかり言ってるけど、東大出だって」などと、しばらくしてからわかったほうが、カッコよくもあるものです。

僕の伯父は開業医だったのですが、3人の娘が独立し、70歳を過ぎた頃に医院を閉めて、夫婦で施設に入りました。訪ねてみるとそれなりに高級感があり、食堂には学生寮にいるような給食のおばさんもいてアットホームな雰囲気でした。

施設の入居者には、大会社の役員や弁護士だった人もいれば、今でも鉢巻姿が似合いそうな大工の元棟梁もいます。伯父のような医者とか、老舗の商店主とかもいて、実に雑多なコミュニティでした。

その伯父が言うのですが、こういう中で一番嫌われるのはどういう人間かというと、過去の自慢話をする人だそうです。

元商事会社の役員が得意になって語る海外勤務をしていた頃の優雅な話や、いかに会社の中で出世したのかという栄光のヒストリー、家族の自慢話などを聞くたびに、周りは嫌な思いをしているそうです。それが一度だけでなく、何度も聞かされるとなれば、人格者の伯父でも、さすがに席をはずしたくなるそうです。

それぞれがまったく違う人生を歩んできて、偶然顔を合わせている間柄なのですから、そんな話を誰も聞きたくはないという空気感が、その元役員には読めないのですね。

自分が輝いていたときの優越感が忘れられずに、口を開けば自慢話になってしまう、そんな人が一番嫌われ、ともすればイジメの対象になってしまうこともあるということです。

これは、定年前後に起業する場合にも言えることですが、新しい組織や集団の一員となって、違う道で生きてきた人たちと同じ土俵に立つのなら、過去のプライドや肩書きを捨てて、そこからが一からの再スタートと考えるべきです。

50歳になって重要なのは、今までどうやって生きてきたかということではなく、今、そしてこれからどう生きるのかということ。そのときに、プライドや元の肩書きなど邪魔になるだけだということを覚えておきましょう。

たとえば、あなたがこれまでの趣味を生かして転身して、珈琲ショップを開店するのなら、それまであなたがどんな企業にいてどんな役職であったかということも、その時代にいかに大きな仕事をしたのかということも、お客さんにとっては、まったく意味を持ちません。店の繁盛につながるお客さん側のチェックポイントは、店の雰囲気やサービスと、珈琲そのものなのですから。

また、何人かで会社を始めるのなら、全員が同じ土俵に立っているのだという意識を持たなければうまくいかないでしょう。

小学校に入学したときのことを考えてみてください。偶然近所に住んでいたという理由だけで同じ教室に集められた集団。青果商の息子もいれば、大工さんの子、医者の子供も、帰国子女だっていたかもしれない。でもそんなことは何の関係なく、入学式の日にみんな一斉に一からのスタートを切ったはずです。

子供の頃は誰でも、姓名とあだ名ぐらいしか肩書きはなかった。「医者の息子の○○です」などと自己紹介する子はいなかったでしょう。

サラリーマンを続けるにしても、起業をするにしても、50歳になった瞬間から、プライドや肩書きのない状態で自分が生きていかれるか、確認してみるのもいいかもしれません。

オタクを極めてプロになる

そうそう、これも書いておかなければいけません。もし、あなたが50歳になっても若い頃のように「オタク」で居続けた人であるなら、ちょっと耳寄りな話があります。それは、周りから何と言われようと、大事な趣味を、もっともっと深く研究して、その世界のプロフェッショナルになりませんか、という提案です。

たとえば、僕の友人に東京農大の網走分校で教授をしていた男がいます。彼は北海道の網走に赴任した際、せっかく網走に行くのなら北海道の雄大な自然を画像に残そうということで、趣味で写真を撮りはじめました。

一度、彼の家に遊びに行ったことがあるのですが、そのときも「今から摩周湖の霧を撮りに行く」と言って、明け方のものすごく寒い時間に一人で出掛けていきました。

山の向こうから太陽が昇って逆光になってくる時間に、「今だ！」という瞬間があるんだそうです。その日は結局、「今日はダメだった」と言いながら彼は帰ってきました。

シャッターのタイミングを逃したのか、自然のほうがうまい具合にならなかったのかわかりませんが、自分の納得のいくものが撮れなかったのでしょうね。

僕は、素人なりにすごいこだわりがあるのだな、と感心しました。

ところが、そのこだわりのおかげか、彼が撮った摩周湖の写真が、今では土産屋で絵葉書として売られ、写真集にもなっているのです。

彼はもう大学教授を辞めていますが、写真はまだ続けています。大きな収入にはなっていないけれど、写真は彼の生きがいになっているようです。

高校生のときの彼は、僕の前の机に座っていて、僕を含めた他の連中が、授業中に詰将棋をやったり、艶《なま》めかしい本を回し読みしたりしている中、一生懸命、先生の授業を聞いている奴でした。ただ黙々と勉強している変わり者という印象で、同じクラスではありましたが、当時はそれほど仲良くもありませんでした。

彼が網走に勤務してから、おそらく生徒や他の先生が「あいつは弘兼の同級生だぞ」ということに気がついて頼まれたのでしょう。僕に非常勤講師で学校に来てくれないか、という要請が来たのです。

僕も網走に行ってみたかったし、流氷も見たかったので、「じゃぁ行くよ」と、年1回の講義を5年ほど続けました。

そのとき、彼の北海道での暮らしや、前に書いたような写真に入れ込む生き方を見たら、「なかなかいい人生だな」と思って、そこから付き合いが始まりました。

写真という趣味が、彼を生き返らせたのだと思います。

もちろん、写真でなくてもいい。たとえば、学生時代にバンドをやっていた人たちや合唱をやっていたグループがよく定年になってから再結成し、「おやじバンド」や「おやじ合唱団」としてボランティアで活躍しているという話も聞きます。

こうしたことを定年になってから始めるのではなく、50歳を機にスタートさせたらどうか、というのが僕の提案です。それも、単なる趣味ではなく、どうせならプロという高みを目指す、つまり、お金がとれるところまで特技を高めてほしいのです。

何でもそうですが、10年間一生懸命やれば、プロに近いところまで到達できます。

50歳で始めれば、ちょうど定年のときにその趣味を生かした再スタートが切れるというものです。今から10年、あなたが極めたい趣味はなんですか。

50歳にして「男子、厨房に入る」

僕は今まで、いろいろな本で「男子、厨房《ちゅうぼう》に入れ！」と語ってきましたが、50歳になってやるべきことの一つとして、ここでも改めて、「男の料理」をぜひともすすめたいですね。

僕にとって、料理はもはや趣味を超えて、創作を楽しむ一大エンターテイメントです。言葉を換えれば、滝川クリステルさんが言った「お・も・て・な・し」は、この僕にとって、一つの人生哲学でもあるのです。

料理をすることで、人を喜ばせる。

それができたら、何よりもうれしいということです。

実際、漫画家になっていなかったら、きっと僕は料理人になっていたと思うほど、今でも料理が大好きです。

子供の頃、父親に連れて行ってもらった釣りで、父親が釣った魚をその場でさばいて焼いて食べたとき、「ああ、こんなにおいしいものがあるんだ」と思った感動から始まる料理への関心は、年齢を重ねるうちに広がって深まり、今では生きる楽しみの一つとなっているのです。

これで、僕にもプロを目指せるような趣味があることがおわかりいただけたでしょうか。

それはさておき、僕ほど夢中にならなくてもいいという条件で、50歳になったのを機に、あなたも料理を趣味にしてみませんか。

独身時代には自炊の経験があっても、50歳まで仕事一筋で生きてきたサラリーマンには、家庭の料理は妻に任せっきりの人が多いことでしょう。料理と言っても、ごくたまに行くキャンプ場でのバーベキューくらいしか料理をしたことがないというのが一般的かもしれません。

とても残念です。仕事のできる人は、とくに料理に興味を持ってほしいですね。

それは、「男の料理」イコール「男の仕事」だからです。

僕に言わせれば、料理というものは、仕事で言えば、一つのプロジェクトを遂行するのと同じことです。

プランニングから仕入れ、加工、仕上げ、さらには消費（食べる）まで自分でこなして収支のバランスをとるという、あらゆる工程を「自分一人」で完結できるという面白さもありますし、最終的には、家族やお客さんというクライアントを喜ばせるという満足感も得られます。

さらに、それがたとえ大それたものでなく、小さなプロジェクト（料理）でも、ちょっとした手間をかければ、手間をかけた分だけ完成度が高まるという面白さもたまりません。

つまり、一つの料理は、一つの仕事のプロジェクトを完遂するのと同じこと。だから、と言ったら女性に叱られるかもしれませんが、料理は本来、男がやるべきものではないでしょうか。

とはいえ、サラリーマンの皆さんは、もちろん毎日料理はできない。だとしたら、土日だけはあなたがご飯を作るというのはどうですか。

今日は２０００円、というように予算を決めてスーパーに買い物にいくところから始める。料理のメニューは決めておいてもいいし、陳列された野菜や肉や魚を見ながら考えたっていい。そういう臨機応変な面白さも料理にはあるのです。

何度か続けているうちに、今日は野菜が安いなとか、この肉が安くて美味そうだとかわかるようになります。

物価を実感として感じる、段取りの訓練ができる、奥さんも喜んでくれる、まさにいい事尽くめじゃないですか。

まずは晩酌のつまみを自分で作ることから始めてもいい。

50歳にして、男子、厨房に入る。

間違いなく、それからのあなたの人生が豊かなものになると思います。

小さな旅で「ときめき」を感じる

ここまで、50歳になったらやるべきことをいろいろと書いてきました。「叶わない夢は持たない」から始まって、先の「土日は料理する」までいろいろ提案させてもらいました。

それらはもちろん60歳からでもできることです。でも、定年になってからではなく、50歳からやりはじめるからこそ素敵なんだと思ってください。

たとえば、散歩だってそうです。60歳からの散歩と50歳からの散歩はちょっと違うでしょう。体力的なこと、時間的なこともありますが、基本的に50歳からの散歩のほうが、精神的な充実感があるものです。

僕はテレビの『ゆうゆう散歩』や『モヤモヤさまぁ～ず』、『孤独のグルメ』シリーズなど、知らない場所を歩く番組が好きで、「ああ、ここ行ってみたいな」なんて思いながら、よく見ています。

あなたは、ほぼ毎日、駅と自宅との往復だけで、自分の住んでいる町のことさえほとんど知らないのではないでしょうか。自分が暮らす都道府県はもちろん、市町村の中ですらまだ行ったことのない場所はたくさんあるはずです。

時間があったら今まで行ったことのない場所をぶらりと歩いてみるのも、50歳になったからこそ、楽しいと思いますよ。50歳になったことを意識することで、風景が違って見えたりもしますからね。

僕は駅から事務所までの道のりを、普段と違う道順で歩き、ちょっとした小旅行にでも出たかのようなときめき感を楽しむことがあります。とても新鮮な気分になり、頭のリフレッシュにもなります。

最近は、東京都北区の赤羽で僕の好きなBCVというバンドがライブをやっているので、けっこう通っています。赤羽というところは、ディープな飲み屋街があって非常に面白い。ああいう面白い場所は、きっと他にもたくさんあるだろうと思います。

もし僕にもっと時間があったら、都内で行きたいところがいくつもあります。

2、3千円くらい持ってぷらぷら散歩を楽しみ、夕方になったら見知らぬ魅力的な居酒屋を見つけて酒を一杯と、ちょこっと焼き魚をつついて帰る。そんなふうにして、どこでもいいから未踏の地を歩いてみたいですね。

　少し前に行った、隅田川沿いの屋形船が何艘も泊まっている浅草橋あたりも良かったです。

　天ぷら屋に入ったのですが、外の景色がとても趣があっていい雰囲気です。その景色を見ながらちょっと酔っ払って帰るのは、最高にいい気持ちでした。

　また、たまには昼間に酒を飲むというのもいいものです。浜松町に秋田屋というお店がありますが、いつも昼間からオッサンたちが酒を飲んでるのを通りすがりにうらやましいなと思いながら見ていて、いつかフラッと入りたいと思っています。

　ぜひ、あなたも50歳になったのを機に、ちょっとだけ日常から離れる小さな旅で、「ときめき」を感じてください。

妻との距離を大切にする

「妻との距離」というものを意識したことがありますか？

定年退職をしていよいよ第二の人生をスタートさせたときに、妻から離婚を求められる夫が急増していることは言いましたが、同居期間が30年以上ある夫婦の熟年離婚は、この10年で3倍になっており、そのほとんどは妻からの申し立てです。

最近では、定年前の50代で離婚する夫婦も増えていて、これもほとんどが妻からの離婚申し立て。

『黄昏流星群』という僕の漫画は、中高年の愛や性という問題に正面から取り組んだ作品で、さまざまなデータを集めるとともに、多くの中高年男女に取材をしてきました。

そこでまず見えてきたものは、50代の夫婦は「夫は妻といたいのに、妻は夫といたくない」という現実です。長寿化と定年制度によって増えた夫婦ふたりきりの時間は、妻にとって苦痛になっているケースが多いのです。

その原因の多くがどこにあるかと言えば、長い歳月、夫が夫婦関係を維持する努力を怠ってきたことです。

夫が30歳のときに結婚したとして50代になれば20年以上の同居生活をしていることになります。その間は、サラリーマンの夫は働いていますから昼間は家にいない。帰ってくれば「飯」「風呂」「寝る」、何かあれば「誰のおかげでメシが食えてるんだ。俺が働いているからじゃないか」と大きな顔をする。

さすがに、そんなクラシカルな「亭主関白」はもはや絶滅に向かっていることでしょうが、専業主婦の場合、妻にしてみれば、夫が家にいない時間がたっぷりあり、子供というクッションがあり、それまでは何よりお金を稼いできてくれたから妻は我慢できていたのです。

それが定年を迎えたら、朝から晩まで家にいて束縛される。妻にとって気が休まる自分の時間がなくなり、リフレッシュもできない。ましてや、お金を稼いできてくれるわけでもない。そして死ぬまでその生活が続くのだろうかということを想像すると、定年なんか待っていられない、ということになるわけです。

共働きの夫婦なら、もっと簡単でしょう。子供がいなければ、さらに離婚のハードルは低くなる。つまり、今、50歳になったあなたは、妻から捨てられる危険が迫っているということです。

「離婚して解放された妻」に対して、「妻に捨てられた夫」はどうなるかといえば、寂しさに勝てず、料理も洗濯も満足にできないままの一人暮らしで一気に老け込んでしまう。自立できていないことが一人になって初めてわかっても、時すでに遅し、というわけです。

定年になれば、二人でずっと一緒にいられる。そうなれば、美味しいものを食べさせてあげたいし、いろいろなものを見せてあげたい。二人で旅行にも行きたい。きっと妻も同じ気持ちだと思うのは、「男の錯覚」というものです。

妻にしてみれば、美味しいものを食べにいくのだって、旅行だって、気の合う女友だちと行ったほうが楽しいのです。

「老人」と呼ばれるようになってから捨てられたくなかったら、50歳から奥さんとの距離感を大切にしたほうがいい。妻を一人の人間として尊重すること。彼女の自由な時間を大切にしてあげること。そして、必要以上に立ち入らないこと。

僕は夫婦といえども、自立した関係がベストだと思っています。長い間一緒に生活をしてきた関係にあっても、趣味は違って当たり前だし、好きな食べ物が違っても当然なのです。

だから、共通の趣味を見つけようなどと考えずに、お互いの趣向を認め合ってそれぞれが楽しい、豊かな人生を過ごせばいい。もちろん、同じ趣味があったら楽しめばいい。「たまには、うちのことを忘れて、仲のいい友だちと温泉旅行にでも行っておいでよ」。そう言って笑顔で送り出してあげる度量を持つべきなのです。

夫婦円満の秘訣は、この自立した関係と、それから昔から言われるように、やはり「我慢」に尽きるのです。

何をやるにも「土日の活用」がカギ

サラリーマンの場合、仕事以外に自由に使える時間と言えば、当然週末の土日が中心になりますよね。そう、これまで語ってきた50歳になったらすべきことは、土日をどう活用するかということが重要なポイントになってきます。

前章でふれた転身や起業への準備もそうですし、または先ほどふれたボランティアへの参加や男の料理も、趣味を極めるのも、小さな旅をしてみるのも、すべて土日の時間を使わなければできません。

とくに、転身や起業を考えているのであれば、もちろん平日の夜も時間を惜しんで努力した上で、週末の使い方が大事になってきます。

すでに若い頃からその道でメシを食っている人たちの中に、50歳になるまでは別のことでメシを食ってきたあなたが割り込んでいって同じ土俵に立とうというのですから、これはもう人の何倍も研究と努力を重ね、知恵を絞らない限り勝負になりません。

ただ、先に「漫画家にならなれる」の項で言ったように、若い頃からその道でメシを食ってきた人にはない武器を、50歳まで会社で揉《も》まれてきたあなたは持っている、ということです。

ですから、どういう道を行ったら近道か、ビジネスではどういう落とし穴に気をつけなければならないかを、その道のプロよりあなたは知っている可能性がある。いや、50歳から転身や起業を図るなら、「俺にはあいつらがしていない経験がある」と思って勝負に出なければ、初めから負けです。

回り道や無駄な努力をせず、土日という限られた時間で効率よく腕を上げる術だって、どの銀行にどのような手順で頼めば資金が調達できるかという知恵だって、50代のあなたは持っている。だからこそ、勝負できるのです。

もちろん、土日をうまく使うには、行き当たりばったりではいけません。

たとえば、「3年後に会社をやめてラーメン店を開業する」という具体的目標を立てたなら、そこから逆算です。

最初の1年間はとにかく流行っているラーメン店に毎週末足を運んで、調査・研究に没頭。1年後にはその研究成果を、「成功のための条件と手順」として箇条書きにまとめる。

2年目は、自分が目指すラーメンのオリジナルな味を見つけ出すための試行錯誤と、うまいラーメンを安定供給するための仕入先の調査や失敗しないための綿密な事業計画。そして3年目は、いよいよ物件選びと資金調達、店舗改修などの開業準備といった具合に計画を立て、それを毎週の土日の計画にまで細かく落とし込んでいく。

50歳にして起業するのであれば、それくらいのことをきちんきちんとできなければ、最初からやめておいたほうが無難でしょう。

とまあ、これは起業の話ですから厳しく書きましたが、土日を料理や趣味に費やす場合はもう少し気楽に構えてもいいでしょう。

それでも、趣味だからといい加減に取り組んでいては、面白味も生まれないでしょう。どうせやるなら、プロになるくらいのつもりで取り組んだほうが腕もあがるし、人より秀でたものがあるということが生きがいにもつながってくると思います。

第四章

その先にあるもの

やがて訪れる老い

『50歳からの「死に方」』も、あっと言う間に最終章を迎えてしまいました。

あなたがこのまま定年までサラリーマン生活を続けるにしても、独立して転身を図ったり、起業をするにしても、50歳からの心構えがいかに大事か、ここまで書いてきました。

さて、僕は、いよいよ最後のこの章で、「その先」について書いてみようと思います。「その先」という意味はおわかりですね。そうです。僕も含めた、人間の「死」についてです。

50歳からの人生を考えるなら、その先にある、自分の最期のときまで今から考えておくべきです。

なぜなら、「死」を考えるということは、「生」を考えることに他ならない。

50歳から考える「死に方」は、50歳からの「生き方」を考えることとイコールだからです。

つまり、あなたがサラリーマンをこれからも続けるなら、まず、「どう死ぬか」「いかに死んでみせるか」という自分の最期を先に考え、次に、そこから遡《さかのぼ》って、仕事を終えた定年から死までの間をどう生きるか模索し、最後に50歳から定年までの生き方を考慮する。

いわば、「死」からの「逆算」が必要だと思うのです。

人間、生きていれば誰でも老いるときがきます。

「老いた人」を「老人」と呼ぶわけですが、僕も含めて、すべての人は生きていれば、いつか老人になるということです。

それでは、人はいつ、どうなったら老人になるのでしょうか。

身体のあちこちが硬くなったり弱くなったりして動きが緩くなったことを自覚したとき、あるいは、新陳代謝機能が落ちて白髪やシワが増え、鏡を見て老いを自覚したときなのでしょうか。

現在の日本では、社会的に65歳から高齢者と分類され、一般的には、65歳以上の人を

「老人」と呼びます。まさしく僕のことです。

いい機会ですから、65歳、あなたのおよそ10～15年後がどういう地点なのか、僕の考えを語っておきましょう。

誰でも65歳になったら老人に分類されるわけですから、現在66歳の僕はすでに老人の域に達していることになります。

しかし、僕と同世代の人たちには、この事実が受け入れられない人が多い。「福祉サービス上の都合もあるから、高齢者はまあ仕方ないにしても、まだまだ老人なんかではない」と思っている人が多いと思います。

「仕事は続けているし、ゴルフだって今までと変わらないスコアを維持できている。医者には生活習慣病に気をつけろとは言われるものの、至って元気に生活できている。まだまだ老人なんて冗談じゃない」と、勝手な分類に腹を立てている人もいることでしょう。

自分が老人であると認めたくないのは、「老人」という言葉によくないイメージ、もっとも代表的なものだと、「世の中から邪魔にされる存在」というイメージがあるからです。

邪魔な存在にされる三大要素とは、「汚い」「お金がかかる」「役にたたない」ということらしいですが、自分より少しだけ長く生きてきた人間に対して、甚《はなは》だ失礼な言い草だとは思います。

でもここで大切なことは、自分が老人だという自覚があるかどうかということではなくて、世の中はそう分類しているという現実です。現実なのだから、腹をたてたり卑屈になったりしても仕方がない。素直に受け入れて認めてしまったほうが楽に生きられると、僕は考えます。

老人、けっこうじゃないですか。

むしろ、65歳になったら、「さあ、俺も今日から老人だ」と軽い気持ちで最初から認めてしまえばいい。

そのうえで、「老い」をどう楽しく生きぬくか。どうすれば、「汚い」「お金がかかる」「役にたたない」というような型にはまらず生きられるか。そうプラス思考で考えるほうが、豊かな人生になるに違いありません。

そして、誰でも65歳を迎えればそのときはくるのだから、前もって50歳になったのを機に、「老人」になる準備と心構えをしておく。このプラス思考と準備があれば、人生終盤の時間を芳醇なものにできるはずです。

大正・昭和時代の詩人の萩原朔太郎は、こう言っています。

人が年老いていくことを誰が成長と考えるか。老いは成長でもなく退歩でもない。ただ、変化である。

僕は、この言葉が大好きです。若い時代といかに変化してみせるか、それも老いていく楽しみの一つだからです。

「在宅死」を考える

　さて、いよいよ最期の覚悟、すなわち自分の「死」を考えてみます。まず、あなたは「どこで」死のうと思っていますか？　病院ですか、自分の家ですか。それとも、野垂れ死にでしょうか。

　その昔、「どうせ、おいらは畳の上では死ねない身の上」などという無頼派の決めゼリフがありましたが、今はそんな人でなくとも、畳の上で死ぬことができる人は数少ない幸せ者でしょう。

　実は、病院で死を迎えるケースが増えたのは比較的最近のことで、昭和の中頃、僕が子供の時代は、お爺ちゃんもお婆ちゃんも家で息を引き取ることがほとんどでした。言い換えれば、家の畳の上で死ぬことが普通だったから、先の「どうせ……」という言い方になったわけです。

　学校帰りの道で、どこかの家の中からお経が聞こえてくるので窓から中を覗いてみると、顔に白い布がかぶせられた人が横たわっている。お線香の煙が細く流れて「あっ、誰か亡くなったんだ」と、慌てて窓から離れる。そんなこともよくありました。

ところが最近は、8割の方が病院で亡くなっています。

確かに介護の問題などを考えると、「病院で最後を」という判断をする人が多いのは仕方のないことでしょう。しかし、混雑した病院で、過去に多くの人が順番に亡くなっていった同じベッドの上で死ぬという選択肢をわざわざとる必要があるのか、考えてみてください。

本当は長年住み慣れた家で、家族に看取られながら最期を迎えたい、と思う人も多いのではないでしょうか。

一方では、それだけ多くの老人が病院のベッドを占領していいのだろうか、とも思います。冷たく聞こえるかもしれませんが、病院のベッドは、間もなく亡くなる人ではなく、若くて治療が必要な人に譲りましょう、とあえて言いたいくらいです。

まあ、そういうことも含めて、いざ死を迎えたとき、自分はどこで死ぬかということを考えてみるわけです。

その一つが「在宅死」という選択です。

僕は漫画を描き続けて、ある日、机の上に突っ伏して死ねたら一番幸せだと思っています。ただ、いくらそう思ってもこればかりは難しい。誰しも思い通りに死を迎えられるものでありません。

ただし、そううまくいくかどうかは別として、予め自分の意思を家族に伝えておくことはできるでしょう。

突然死であればともかく、多くの人は身体のどこかに問題を抱えて思うように動けなくなり、だんだんと衰弱して死を迎えるわけですから、自分は病院でそのときを迎えたいのか、それとも自宅で迎えたいのか、意思を50歳の今からはっきりさせておく必要があるのです。

「死にざま」を見せる

「誰だって、死にそうな状態になったら、救急車を呼んじゃうでしょ。そしたら、病院で死ぬことになるでしょう」

たしかに、現代の一般的な状況下では、一人暮らしで、家で衰弱死、あるいは餓死でもしないかぎり、「在宅死」を遂げることは難しいかもしれません。だからこそ、自分の意志を家族や主治医に伝えておく必要があるのです。

このように、家で死ぬことの問題点はいろいろあるにしても、僕は、それも含めて、自分の「死にざま」を若い世代に見せることは重要なことだと思っているのです。

最近では「生きざま」という言葉はよく聞きますが、この「生きざま」という言葉が出来たのは最近のことで、僕が高校生の頃に使っていた辞書には載っていません。「死にざま」と対をなす言葉として生まれたのでしょう。

生きざま、死にざま、どちらにしても「ざま」は否定語です。「そのざまは、なんだ」

などと使われますから、「死にざま」も「生きざま」も、意味からして穏やかな死、穏やかな生を表してはいません。つまり、「死にざま」とは、「死ぬことは眠ることのように安らかなものではない」ということです。

「死」を前に、「痛いよー」「苦しいよー」と、もがき苦しむ、あるいは、「なんで俺が死ななければいけないんだ」と世を呪う、さらには「ちきしょう、死にたくないよー」と叫び、「なんとかしてくれー」と生への激しい執着を見せる。これが「死にざま」です。

その「死」の瞬間という現実をしっかり若い世代に見せるのも、我々の役目の一つだと考えるわけです。先に述べたように、「死」がわかって初めて本当の「生」がわかるからです。

黒澤明監督の映画に『赤ひげ』という作品があります。

小石川養生所に〝赤ひげ〟と呼ばれる三船敏郎さん演じる所長新出去定《にいできょじょう》という医者がいました。そこへ、長崎の蘭学校で数年間医学を学んだ保本登という青年が、儀礼訪問のつもりでやってきます。

そして保本は、不本意ながらそこで見習いとして働くことになります。幕府の御藩医となるべく江戸にやって来た保本は、新出のやり方に納得がいかず、しばらくはふてくされた生活をします。

そんな保本に赤ひげは、一人の死にかけた老人、六助を看るように言うのです。「人の一生で、臨終ほど荘厳なものはない」という言葉を添えて。

死にゆく六助は、喘《あえ》ぎ喘ぎ、苦しそうに最期の息を吐いています。それは経験の浅い保本には、正視に耐えられない残酷な光景でした。保本は先輩医師に「六助の死は荘厳なものだと思いますか」と尋ねます。それに対し、先輩は後輩にこう言います。

「私も病人の苦痛や死のすさまじさは恐ろしい、でも先生は、私とは見る目が違うんです。病人の体を診察すると同時に人間の心も診察してしまわれるんです。私もいつか先生のあの境地までたどり着きたいと思っています」

六助を演じた藤原釜足さんと保本を演じた若き日の加山雄三さん、この二人が死にゆく人と看取る人を演じたのですが「死」というものを十分に教えてくれる映画でした。

まさに、若い人に「死にざま」を見せることの大切さを『赤ひげ』という映画で黒澤監督は見せてくれたのです。

なぜ日本人は太って死ぬのか

とてもデリケートな問題になりますが、ここで「尊厳死」や「延命治療」について考えてみてもらいたいと思います。

意識がないのに、生かされる。食べることができないのに、身体に穴をあけて栄養補給をする。今、どれだけの高齢者がそうした状態に置かれているのでしょうか。

それも「生きざま」、「死にざま」だといえば、それまでですが、自分がそうされたくないのであれば、「死が迫った時、無駄な延命治療はしないでほしい」と元気なうちに宣言をしておくのも、立派な「死にざま」です。

僕の友人は、たとえ、交通事故で突然、救急車で運ばれても大丈夫なように、「尊厳死カード」を常に財布の中に入れて、たとえ意識がなくなっても、余分な延命治療をさせないようにしています。

そこには、こう書かれています。

尊厳死のお願い
私の傷病が、現医学で不治の状態で、死期が近い場合には、延命措置は一切しないでください。但し、苦痛は和らげてください。また数週間以上植物状態になったときには、一切の医療措置をやめてください。
これは、私の精神が健全なときに希望したものです。
平成×年×月×日
氏名　○○○　印
医学博士　氏名　△△△　印

これは、僕の友人がかかりつけ医に頼んで作ってもらったもので、尊厳死協会とは関係なく、医師の印があればいいのだそうです。

この「尊厳死」もまた、「死にざま」の一つでしょう。

苦しませてそれでも生かしておくということに、どれだけの意味があるのか。結局、苦しんでいる時間を延長させているわけですから。果たしてそれが本人にとっていいことなのかという問題と、彼は50代前半で、しっかりと向き合ったのです。

この意思を示しておかないと、いざというとき、家族に負担を強いることになります。もし、あなたが病院で脳死と判定されて口から栄養を摂取できなくなった場合、医師は点滴でできるところまでもたせるか、胃に管を通して水分や栄養分を補給する「胃《い》瘻《ろう》」を行うか、間違いなく、あなたの家族に選択を求めることになります。

胃瘻を選択するか否か迫られた場合、家族の一人が選択を拒否すれば、「餓死させるつもりか」という感情的な意見を言われるでしょう。合理性のある考え方は、まだ日本人にはありません。心臓が動いているうちは死とは認めないというのに似ていますが、脳死は完全に死んでいるのです。

自分で呼吸ができない場合には、口に管を入れて人工呼吸器を使うことになりますが、人工呼吸器を使うかどうかという選択も迫られることになります。

家族の心情からすれば、心臓がまだ動いていて身体に温もりがあると、それは人工的にただ動かしているだけなのに、生きていると思ってしまうのですね。でも、管を外せば一気に死に至るわけです。僕は、人工呼吸器も胃瘻も同様に、神の摂理からかけ離れているのではないかと感じます。

ある老人ホームでは、要介護の患者に1日何リットルの水を飲ませるというマニュアルがあったそうです。それをクリアしたことを日誌に書かなければいけないので、看護師は夜中の2時に患者を起こして強引に水を飲ませるといいます。

患者は苦しいんだそうです。それをやめると急に良くなったりするとか。実際はそんなに水も食べ物も必要なかったりするのです。

いずれ、というよりも、すでに死んでいるのに、家族に治療費で負担をかけ続けることもしたくない。延命治療を指して、「軟着陸しようとしてる飛行機にむりやりガソリンを積んで飛ばすようなものだ」という、ある医師の言葉は的を射ているなと思いました。

ちなみに僕は、友人のような証明書こそ持っていませんが、「延命措置はするな」とはっきり家族に伝えてあります。

「孤独死」は本当に淋しいか？

さて、「延命治療はさせない」と決めたとして、次に「孤独死」という「死にざま」はどう考えるべきでしょうか。

孤独死とは、主に一人暮らしの人が誰にも看取られることもなく死亡することを指しています。過疎地に住んでいて、死後数カ月経って発見されたとか、逆に都心に住んでいながら数カ月発見されず「大都会の中の孤独死」と報じられたりもします。

以前は〝孤立死〟という言葉が公的にも多く使われてきました。どういう人が、孤立死を迎えるかというと、①高齢、②独身、③親族が近くにいない、④定年退職または職業をもたない、⑤慢性疾患をもつ、⑥アパートなどの賃貸に住んでいる、などの理由が挙げられます。

意味としては似たようなものなのに、「孤立死」はいつの間にか「孤独死」という表現にとって代わられるようになった。なぜでしょうか。

孤立から孤独へと変わっていったのは、おそらく、一人で死んでいく恐怖を持っている方が多いからでしょう。孤立死も孤独死も「死にざま」としては同じですが、「孤独死」のほうがより淋しい感じがします。誰にも心配されず、家族に看取られることもなく、いつともなく孤独のまま死んでいく。それが都会のまん真ん中で起こるから、なおさら「孤独感」が漂ったりするわけです。

今では、そうしたことを防ぐために、生存確認の電気ポットや便座などが開発されています。「あれ、今日は朝からお茶も飲んでいない」とか「もう昼になるのに一度もトイレに行っていない」などということが、遠隔地から確認できるわけです。

でも、ここで疑問が一つあります。

誰にも看取られないことが、本当に孤独なのでしょうか?

これは、〝孤独だろう〟と推測される、ということでしょう。僕個人としては、「一人で死んでいくのも気楽でいいなあ」と思っていますから。

誰かに迷惑をかける死に方だけはしたくありません。賃貸物件などの場合、腐敗死体が見つかった部屋などということになったら、〝わけあり物件〟になってしまい、大家さんや近隣の方に多大なる迷惑をかけます。人生自己責任だと自負している僕としては〝立つ鳥跡を濁さず〟という死に際の心構えや準備はしておきたいと思っています。

孤独を意識するのは、「世の中の誰もが自分のことなど忘れ、誰ひとり自分を必要ともしていない」と感じるときでしょう。淋しさと孤独は、感情というより病に近いと言った人さえいます。

でも、ひとり暮らしをしていて部屋で亡くなった人が、本当に孤独を辛く淋しいものだと感じていたかどうかはわからないのです。

僕は、無人島での一人暮らしをしたいとは思いませんが、生活の中にある一人の時間は大切にしています。孤独を楽しんでいるようなところがあります。それは孤独から得られるものが多いからにほかなりません。

世の中には孤独を愛する人間だっているわけですから、老人の孤独死＝淋しくも辛いものだとは限らないと思うのです。

最期に一人で死んでいくことが恐怖であったなら、普段から人に好かれるよう努力をするとか、人の輪に自分から入っていくという努力をすべきでしょう。

「安らかに死ぬ」とはどういうことか

「何をもって幸せと感じるか」というのは十人十色、すべての人間にとって大命題でもあるのです。

一人暮らしではなく家族がいて、その中で死んでいくというのは、いろいろなことに気を遣って多くのストレスを溜めて死んでいくということです。もちろん家族のほうも。内心、お金ばかりかかって、「まだ生きているのか」と思う人もいるかもしれないのです。

それがお互いに幸せなことなのかどうかというと、僕にはまったくわからない。家族関係だって人それぞれだから一概には言いきれません。

同様に、何世代もの家族が一緒に暮らすことがいいことなのかどうかということも一概には言い切れないでしょう。

寝込まずにポックリいけばまだいいですが、介護されたら介護されている自分が苦しいと感じるのではないかと思います。

今日またいくらお金を使わせたと、ストレスがどんどん溜まっていくわけですから、気を遣うタイプはなおさらでしょう。

そう考えると、難しい問題ではあっても、動けなくなってからそんな辛い思いをしないように、自分にとって、さらに家族にとっても幸せな死に方、「安らかな死」とはどういうものなのか、考えておく必要があると思うのです。

自殺をする時、人は最終的には皆ウツになるそうです。安らかに自殺する人はいなくて、遺書も最後はたいてい字が乱れているそうです。

でも安楽死であれば、その前の心の準備がいろいろできそうな気がします。

近年よく聞くホスピス（終末期ケア）という仕組みも、うまく活用すればいいと思います。死を受け入れよう、そして延命治療はしない、というのは、ゆっくりとした安楽死と言えるかもしれません。

最近取材で行ったオランダなどは、安楽死をずいぶん前から認めています。オランダはとても人権意識が高く、すべての人間には生きる権利と死ぬ権利があるという考え方をとっています。

たとえば、オランダやベルギーなどにある飾り窓の存在、あれは要するに娼婦もちゃんとした職業だということなんですね。

日本のように管理する暴力団等のようなバックがいるわけではなく、皆生活のために個人でやっている。だから政府も、それを職業として認めなければフェアじゃないという考え方。

僕ら日本人から見たら驚くことですが、それくらい進んでいる国は、すでに安楽死を認めているのです。

現在、世界で安楽死を認めているのは、オランダのほかにベルギー、ルクセンブルクのいわゆるベネルクス三国のほか、スイス、アメリカのオレゴン州とワシントン州です。しかし、やがては世界中で認めざるを得ない日が来るでしょう。

このまま世界の人口が増え続ければ、地球という決まったパイのなかで人口が満杯になってしまうわけですから、100年先か200年先には、「人間定年制」というような制度、つまり皆80歳になったら人は死ななければいけないという制度ができるかもしれません。

生まれたときからすでにそのコンセンサスの中で生きるという、これまでとは違った生き方をする人類ができるということです。

現在の日本では、モルヒネなどの痛み止めは打てるかもしれませんが、注射で患者を死に至らすことはできません。

つまり、すでに治癒《ちゆ》する見込みはなく、苦しさだけが増していく時間を過ごすようになっても、安らかに死ぬ道は選べない。

それは悲しいことなのかもしれません。

僕の遺言

いい機会ですから、最後に僕の遺言状を書いて、この本を閉じることにしましょう。

遺言状

このたび、縁があって、廣済堂出版より『50歳からの「死に方」』という新書を上梓することになりましたので、その末尾に、僕より長く生きる者たちへの願いを込めて、僕の遺言を記しておくことにします。

僕の漫画を見て、「弘兼さんは、いったいこの漫画を通して何を伝えたかったのですか」という質問をするファンがいますが、最期にあたって、それに対して正直にお答えしておきましょう。

そうした人には大変にお気の毒ですが、僕の漫画にはそんなメッセージはありません。これを伝えたいなどという動機はゼロです。それは、僕だけのことではなくて、『ゴルゴ13』のさいとうたかを先生にうかがっても、きっと「わしゃ知らんで」とおっしゃるでしょう。

死にあたって、同様な質問にもお答えしておきます。「島耕作の性格、生き方は弘兼さんがモデルですか」にお答えします。

よく、小説でも、主人公は作者であると言われますが、島耕作の台詞は自分で考えているので、そういう意味では、島耕作は、僕自身かもしれません。ですから、島耕作が『サラリーマン金太郎』のようなスーパーマンではないのは、僕がスーパーマンではないからです。死ぬ前に白状しますが、一番、僕の漫画の主人公たちが僕と似ているところは、脳天気でスケベなところです。

いよいよ、息も荒くなり、死が本当に近づいてきましたので、自分の死んだあとのことについて、あなた方にこれだけは知っておいてほしいので、「とても大切なこと」を書いておきましょう。

僕が息を引き取る瞬間を間違えないで下さい。まだ、死んでないのに、「ワーッ」などと大きな声を上げて、僕のかけ布団の上に突っ伏さないでください。とても重たいですから。

目を瞑っているのは、死を待っているのですから、ベッドサイドで余計なことを言わないでください。目は閉じていても、耳は聞こえているのですから。

「葬儀屋、どこにする？」とか「明日、通夜だと困るなあ、俺、仕事なんだ」とか、決して言わないように。なかなか死ねませんから。

隠し金はありません。ですから、遺産が残っていたら、明朗会計でお願いします。

ああ、ついでですが、隠し子もいません。

最後に、僕はきっとゲーテの「もっと光を！」のような死に際の名文句を言うと思いますので、必ず、メモとペンを用意しておいてください。そして、その言葉を必ず、朝日、読売、毎日、日経、報知、スポニチ、日刊スポーツ、デイリー、日刊ゲンダイ、夕刊フジなどの新聞社に見出しになるように手配してください。
週刊モーニング、ビッグコミックにも、ついでがあったら伝えてください。
この遺言状は、来年の正月にまた書き換えることにします。以上

平成二十六年九月一日

弘兼憲史　　印

カバーイラスト　弘兼憲史
編集協力　有限会社オフィスナイン
株式会社マックオフィス
小田豊二
編集担当　飯田健之
DTP制作　三協美術

50歳からの「死に方」
残り30年の生き方
2014年10月3日　第1版第1刷
2015年7月10日　第1版第9刷

著　者　弘兼憲史
発行者　清田順稔
発行所　株式会社廣済堂出版
〒104－0061　東京都中央区銀座3－7－6
電話 03-6703-0964（編集） 03-6703-0962（販売）
Fax 03-6703-0963（販売）
振替 00180-0-164137
http://www.kosaido-pub.co.jp

印刷所
製本所　株式会社廣済堂

装　幀　株式会社オリーブグリーン
ロゴデザイン　前川ともみ＋清原一隆（KIYO DESIGN）

ISBN978-4-331-51870-0 C0295